한 인간은 하나의 우주입니다. 어떤 존재든 거대한 장편소설입니다. 곁에서 아마득히 떠나가는 존엄한 우주를 배웅하면서, 살아온 내력을 함초롬히 기록하여 전하는 일은 얼마나 중요한지요. 예기치 않았던 16인의 우주를 대하는 결곡한 해석은 살아 있는 자들에게 회복의 애도를 준비하게 합니다. 애도 기간을 충분히 갖지 못하면 햄릿처럼 우울증에 걸리고 맙니다. 고인을 대하는 애도에는 시한이 없습니다. '살리는 죽음'과 '곁으로 가는 애도'는 이 시대에 중요로운 덕목입니다.

곡진하게 고인의 삶에 귀 기울일 때 마지막 배웅은 이미 '살아 있는 죽음'으로 다시 태어납니다. 암으로 투병하며 쓴 글이기에 특별한 배웅의 의미를 쉽게 쓸 수 있었을까요. 저자의 다른 저서와 마찬가지로 현실과 밀착된 혜안은 쉬운 문체로 손에 느껴지듯 새롭게 와닿습니다. 오늘이 마지막일지도 모른다는 생각은 매일 필요한 존재로 살게 합니다. 죽음을 의미로 받아들일 때 오래된 더께는 슬그머니 사라지고요. 죽음을 벗하며 필요한 존재로 살기를 나지막이 권하는 고전으로 오랫동안 기억될 소중한 기록입니다.

김응교 시인, 문학평론가, 숙명여대 교수

『사람은 가도 사랑은 남는다』는 이 설교집은 어디에서도 볼 수 없는 특별하고 유익한 책입니다. 우리가 개인적으로 잘 모르는 이의 죽음을 어떻게 애도해야 할지, 유족들에겐 어떤 말로 위로해야 할지 그리고 언젠가는 다가올 우리 자신의 죽음은 어떻게 예비해야 할지를 따뜻하고도 진솔한 언어로 제시해 주는 지혜로운 지침서입니다.

판에 박힌 형식적이고 겉도는 말, 고루하고 관념적인 추모가 아니라 고인에 대한 구체적 연구와 예를 갖추어 풀어낸 이 맞춤형 '장례 설교'는 감동 깊은 여운으로 읽는 이의 삶을 성찰하고 기도하게 만들어 줍니다. 삶과 죽음이 사랑 안에 긴밀히 연결되어 있음을 새롭게 발견하며 오늘의 순례 여정을 더 정성스럽고 충실하게 걷고 싶은 영적 갈망을 우리 안에 불러일으킵니다.

이해인 수녀, 시인

죽음은 실제적이며 실존적인 문제입니다. 누구도 비껴갈 수 없는 단호하고도 엄중한 선언 앞에서 모두가 두려워합니다. 그러나 그리스도인은 이 문제를 전혀 다르게 이해하고 반응해야 할 것입니다. 죽음은 영원한 생명으로 열리는 관문이기 때문입니다. 이처럼 우리 모두 고민해 봐야 할 주제의 책이 발간되어 기쁘기 그지없습니다.

죽음을 지고 가는 듯한 인생의 쳇바퀴에서 잠시 멈추어 서서 죽음의 의미를 오롯이 마주한 저자의 글에 귀 기울여 보시길 바랍니다. 기독교 신앙의 진수를 맛보기에 부족함 없을 뿐 아니라 상실의 아픔을 함께 나누는 지혜와 소망의 발걸음을 내딛게 하는 격려가 가득한 글입니다. 여러모로 균형 잡힌 목회자로 평소 깊이 신뢰하는 김영봉 목사의 책이기에 흔쾌히 추천합니다. 죽음을 통해 삶에 대해, 생명에 대해 깊은 묵상을 하는 데 크나큰 도움이 될 것입니다.

이찬수 분당우리교회 담임목사

사람은 가도
사랑은 남는다

IVP(InterVarsity Press)는
캠퍼스와 세상 속의 하나님 나라 운동을 지향하는
IVF(InterVarsity Christian Fellowship)의 출판부로
생각하는 그리스도인을 위한 문서 운동을 실천합니다.

사람은 가도
사랑은 남는다

김영봉

Ivp

차례

머리말	9
여는 묵상 지금 올 수 있겠니?	17
1장 우주의 이방인	35
2장 예수 사랑하심은	47
3장 깊은 눈동자	57
4장 우리 곁의 성인	67
5장 죽음은 그 사람을 닮는다	77
6장 하나님의 품은 넓다	85
7장 소설보다 아프고 시보다 아린	95
8장 죽음과 함께 살다	105
9장 나그네 인생길	117

10장 하늘이 무너지고 땅이 꺼질 때   **127**
11장 생애 마지막 눈물   **139**
12장 대박 인생   **151**
13장 나는 부족하여도   **161**
14장 알지 못한 채 죽음을 준비하다   **171**
15장 사랑에는 두려움이 없다   **181**
16장 쉴 곳 없는 마음   **193**

닫는 묵상 내가 사는 이유   **205**
부록 거룩하고 의미 있는 장례 예배를 위해   **227**

일러두기
이 책에 인용된 성경 본문은 새번역을 사용하였습니다.

머리말

초상집에 가는 것이 잔칫집에 가는 것보다 더 낫다.
살아 있는 사람은 누구나 죽는다는 것을 명심해야 한다.
—— 전도서 7:2

하나님의 임재가 드러나다

한 사람의 임종 과정에 동행하는 것은 참으로 의미 있는 일입니다. 목사는 한 사람의 가장 중요하고도 내밀한 시간에 초청받은 사람입니다. 이는 실로 대단한 자격입니다. 아무도 들어갈 수 없는 시간과 공간에 들어갈 수 있기 때문입니다. 마지막 길을 가는 사람이 가장 힘들어하는 것은 육체적 고통이 아니라 정신적 외로움과 두려움이라고 합니다. 그렇기 때문에 그 시간에 가장 의미 있는 목회가 이루어집니다. '목회'를 가리키는 영어 'ministry'는 '봉사하다' 혹은 '섬기다'라는 뜻의 라틴어에서 유래합니다. 따라서 임종 과정에 함께하는 것은 한 사람에 대한 최고의 섬김이라 할 수 있습니다.

이것은 단순한 이론이 아닙니다. 임종 과정에 함께하다 보면 실제 그런 느낌을 받습니다. 진짜 목회를 하고 있다는 느낌 그리고 하나님의 일에 거룩하게 쓰임받고 있다는 느낌이 마음을 가득 채웁니다.

그뿐 아니라 임종 과정은 하나님의 임재가 가장 선명하게 드러나는 시간입니다. 특히 믿는 사람의 임종 과정은 그렇습니다. 인간이 과연 영적인 존재라는 것, 죽음이 끝이 아니라는 것 그리고 이 세상이 전부가 아니라는 것을 확인할 수 있습니다. 분주하고 팍팍한 일상 가운데 잠시 잊었던 하나님의 강한 임재에 부딪힙니다. 인생이 온통 신비라는 사실을 깨닫습니다. 갓 태어난 아기를 앞에 두고 거룩한 신비감에 전율하듯 인생의 마지막 순간에 드러나는 하나님의 임재로 인해 멈추어 고개를 숙일 때가 많습니다.

저는 11년 동안 섬겼던 교회에서 한 해에 평균 7-8회 정도 장례식을 집전했습니다. 주로 병환이나 노환으로 인한 죽음이기에 임종 과정에 참여할 기회를 얻을 수 있었습니다. 교우의 임종이 가까워지면 그것을 첫 번째 우선순위에 두었습니다. 할 수 있는 대로 시간을 내어 함께 있는 시간을 만들었습니다. 그렇게 하는 것은 심적으로나 육신적으로 힘겹고 지치는 일이지만 한편으로는 마음이 설레기도 합니다. 그동안 겪어 온 다양한 신비 체험 때문입니다. '하나님이 이번에는 또 어떻게 나를 놀래키실까?'라는 기대감이 있습니다.

어둠이 깊을수록 빛은 더 환하다

'죽음'이라는 단어는 참 두렵습니다. 객관적인 실체로서의 죽음도 그러하지만 막상 자신의 문제로 죽음의 가능성을 마주할 때는 두려움이 더 큽니다. 정도의 차이야 있겠지만 믿음 안에 살아온 사람들도 마찬가지입니다. 죽음의 얼굴을 일대일로 처음 마주할 때는 믿음의 사람도 흔들리지 않을 수 없습니다. 그렇기 때문에 죽음을 현실로 받아들이고 준비하는 것은 어려운 일입니다. 하지만 누구든 인생 여정의 한 시점에서는 꼭 거쳐야만 하는 과정입니다.

저는 목사로서 많은 죽음을 봅니다. 앞에서 말했듯이 목사는 임종 과정에서 가장 깊은 곳까지 초청받습니다. 저는 개인적으로 한 사람의 임종 과정에 초청받고 그 과정을 함께 지나는 것을 영예로 생각하고 마음 다해 참여합니다.

그런 까닭에 죽음의 다양한 면면을 가장 가까이에서 지켜볼 수 있습니다. 삶의 모습이 제각각이듯 죽음의 모습도 제각각입니다. 어떤 죽음은 주변 사람을 안타깝게 만듭니다. 끝내 죽음을 받아들이지 못하는 경우나 절망과 분노와 투정으로 삶을 마감하는 경우도 그렇습니다. 반면, 어떤 죽음은 주변 사람들에게 깊은 감동을 주고 영생과 천국의 소망을 확인시켜 주기도 합니다. 말기암의 처절한 고통 중에서도 평안과 감사로 여정을 마감하는 모습은 참으로 감동스럽습니다.

그런 모습들을 지켜보면서 저 자신의 마지막을 생각해 봅니다. 그러면서 개인적으로 정리한 몇 가지 소망이 있습니다. 혹시 이 책을 읽는 분들 중에 그런 상황에 처한 분들이 있을 수도 있기에 제 생각을 나누고자 합니다.

저는 무엇보다 믿음의 사람답게 죽음을 대면하고 싶습니다. 믿음은 죽음의 가능성을 제거하는 힘이 아니라 죽음에 대한 두려움을 극복하고 담대하게 대면하게 하는 힘이어야 합니다. 물론, 믿음은 때로 육신으로부터 죽음의 가시를 제거하는 능력이 되기도 합니다. 기도로 죽을병을 치유받는 일은 지금도 일어나고 있습니다. 하지만 그렇게 치유받은 사람도 결국 언젠가는 죽음을 대면해야 합니다. 수많은 병자를 치유하시고 죽은 자를 살리신 예수님도 죽음의 문을 통과하셔야 했습니다. 아무리 믿음이 좋아도 어느 순간에는 죽음의 문 앞에 서야 합니다.

살아생전에 견고한 믿음의 사람처럼 말하고 행동했던 사람이 죽음의 가능성 앞에서 무참히 흔들리는 경우가 있습니다. 든든한 믿음의 사람도 죽음의 가능성을 처음 마주할 때면 흔들릴 수 있습니다. 하지만 끝내 두려움을 극복하지 못한다면 그 믿음이 살아 있는 것인지 의심하지 않을 수 없습니다. 반면, 믿음이 그리 견고하지 못하다고 생각했는데 죽음을 대하는 과정에서 믿음의 깊이를 보여 주는 사람도 있습니다. 투병 과정에서도 믿음이 드러나고, 죽음의 가능성을 받아들이고 주변을 정리하고 죽음 이후를 준비하는 모습에서도 믿음이 드러납니다.

제 죽음이 어떤 모습으로 다가올지 모르겠지만 가장 좋은 준비는 늘 주님과 동행하는 것이라 믿습니다. 이 땅에서 늘 주님과 동행하는 사람에게는 갑작스러운 죽음도 결코 재앙이 될 수 없습니다. 한 개인만 두고 생각하자면 갑작스러운 죽음은 복이 될 수 있습니다. 다만 사랑하는 사람들에게 이별을 준비할 시간이 주어지지 않는다는 문제가 있습니다. 하지만 그것은 제가 선택할 수 있는 문제가 아닙니다. 하나님이 결정하시는 문제이므로 모든 것을 그분이 책임지실 것입니다.

투병이나 노쇠 과정을 거치게 된다면 제 믿음이 그 과정에서 가장 중요한 자산이 되기를 소망합니다. 하루하루를 절망과 분노로 채우는 것이 아니라 소망과 감사로 채우고 싶습니다. 사랑하는 사람들에게 좋은 기억을 남겨 주고 싶습니다. 마지막 길을 가는 동안 제가 믿고 소망한 하나님 나라와 영원한 생명의 빛이 드러나기를 바랍니다. 어둠이 깊을수록 빛은 더욱 환한 것처럼 제가 어둠에 처했을 때 믿음이 그 빛을 발하기를 소망합니다.

죽음 앞에서 삶을 생각하다

잘 해석된 한 사람의 인생은 고인에 대한 존경과 유가족에 대한 위로가 되는 동시에 조객들에게는 영감과 지혜의 원천이 됩니다. 이 설교집을 펴낸 이유가 여기에 있습니다. 이 책의 일차적인 목적은 장례 설교의 용례를 보여 주기 위함이 아닙니다. 독자들로 하여금 해석된 여러 인생 이야기들을 통해 자신의 삶을 돌아보도록 돕기 위함입니다. 죽음 앞에 서 볼 때에야 비로소 어떻게 살아야 하는지를 깨닫게 됩니다. 또한 다른 사람의 인생 이야기는 내 인생을 비추어 보는 거울이 될 수 있습니다. 부디 이 설교집이 독자들을 삶과 죽음에 대한 깊은 성찰로 인도하기를 바랍니다.

여기에 수록된 설교들은 크게 두 가지 기준으로 선별했습니다. 누구든지 공감할 수 있는 내용인지, 다양성에 대한 기준에 적합한지를 고려했습니다. 죽음의 얼굴은 다양합니다. 죽음이 주는 슬픔의 무게와 색깔도 가지각색입니다. 특별한 죽음 앞에서는 적잖이 당황하고 긴장할 수밖에 없습니다. 자살로 인한 죽음도 그랬고, 불신자 부모님을 위해 예배드려 달라는 부탁을 받았을 때도 그랬습니다. 어리거나 이른 나이에 죽음을 맞이한 경우가 가장 어려웠습니다. 이 설교문들을 통해 독자들은 죽음의 다양한 얼굴을 볼 것이며, 그것은 언젠가 독자들이 맞이할 죽음을 준비하는 데 도움이 될 것입니다.

끝으로, 이 책을 내면서 감사 인사를 전하고 싶은 분들이 있습니다. 먼저, 지난 11년 동안 영적 여정의 벗이 되어 주셨던 와싱톤한인교회 교우들에게 감사를 드립니다. 특별히 인생과 신앙에 대해 귀한 가르침을 남기고 가신 교우들에게 깊은 감사를 전합니다. 감리교 출판국에서 발행하는 「강단과 목회」에 3년 동안 장례 설교를 연재할 기회를 주신 덕분에 이 설교문들이 세상의 빛을 보게 되었습니다. 이런 기회를 마련해 주신 신동명 총무에게 고마움을 표하며, 이번에도 출간을 위해 수고하신 IVP 이혜영 간사에게 감사를 전합니다.

이 책은 와싱톤사귐의교회 목사의 이름으로 출간하는 첫 번째 책입니다. 와싱톤사귐의교회는 와싱톤한인교회의 지교회로 시작하여 독립한 교회로서 저는 2016년 7월부터 이 교회를 섬기고 있습니다. 그러고 보니 이 책은 지난 11년 동안의 목회에 대해 정리하는 마지막 선물이자 새로운 목회지에서의 출발을 위한 첫 번째 선물이 되었습니다. 이런 귀한 선물을 허락하신 하나님께 감사드립니다. 부디, 이 책이 독자 여러분의 묵상과 성찰에 도움이 되기를 간절히 기도합니다.

여는 묵상
지금 올 수 있겠니?

"죽음이 얼마나 고마운가! 그것은 주님께 나아가는 통로이며 영원한 생명에 이르는 길이다. 죽음이여, 환영하노라! 그대는 그리스도인의 보화 중 하나라 불릴 만하다! 사는 것이 그리스도이니, 죽는 것도 유익하다! 주님, 이제 당신의 종으로 하여금 주님의 가장 거룩하고 따뜻한 말씀에 따라 평안히 가게 하소서. 저의 눈은 이미 주님 주시는 고귀한 구원을 보았기 때문입니다."
—— 제임스 하비, 18세기 영국 시인

그러므로 우리는 흔들리지 않는 나라를 받으니, 감사를 드립시다.
그리하여, 경건함과 두려움으로 하나님이 기뻐하시도록 그를 섬깁시다.
—— 히브리서 12:28

이 설교는 웨스트버지니아에 있는 어느 기도원에서 죽음과 삶에 대해 묵상한 결과물이다. 세상과 분리된 공간에서 하나님의 품을 생각하며 살고 죽는 것에 대해 돌아보았다.

내 믿음에 생긴 결함

지난 한 주간 저는 웨스트버지니아에 있는 수양관에서 기도와 묵상 시간을 보내고 왔습니다. 송구영신 예배와 새해맞이 기도회에서 교우들이 제게 주신 기도 카드로 중보 기도를 드리고, 올해 사역을 위해 영적으로 준비하고 왔습니다.

수양관에 도착하자마자 작은 예배실로 가서 앉았습니다. 추운 날씨 때문에 수양관이 텅 비어 있어서 마음 놓고 예배실을 쓸 수 있었습니다. 예배실에 앉아 눈을 감으니 마치 그곳이 주님 품인 것처럼 느껴졌습니다. 객지에서 방황하다가 고향집에 온 것 같은 느낌이랄까요. '죽어서 주님 품에 안기는 것이 이런 것이겠구나!' 싶었습니다. 그런 생각을 하면서 평화와 안식을 누리고 있는데 문득 마음속에 질문 하나가 떠올랐습니다.

"그럼, 너, 지금 올 수 있겠니?"

저는 속으로 "오시라면 가야죠. 가겠습니다"라고 대답했습니다. 처음에는 우연으로 여겼습니다. 그런데 기도의 자리를 찾을 때마다 같은 질문과 같은 생각이 떠올랐습니다. 머지않아 깨달음이 왔습니다. "아, 주님이 나에게 이 기도를 시키시는구나! 뭔가 이유가 있겠지!" 그래서 적극적으로 죽음을 생각하며 기도하고 묵상했습니다.

처음에는 이 질문을 "너는 죽음이 두렵지 않느냐?"는 뜻으로 받아들였습니다. 이 질문에 대해서는 별로 어렵지 않게 답할 수 있었습니다. 3년 전, 전립선암을 선고받고 수술하는 과정에서 처음으로 그리고 실감 나게 죽음의 얼굴을 마주했습니다. 그때 죽음을 두려워하지 않을 만한 믿음을 제게 주셨다는 사실을 확인했습니다.

하지만 계속 기도하는 중에 주님은 다른 대답을 원하시는 것 같다는 생각이 들었습니다. 주님 앞에서 한번 해결한 문제를 왜 다시 꺼내시겠습니까? 그게 무엇일까 곰곰이 생각해 보았습니다. 얼마 후에 깨달음이 왔습니다. '너, 지금 올 수 있겠니?'라는 질문은 '내 품에 안기는 것이 그곳에서 사는 것보다 더 복되다고 믿느냐?'라는 뜻이었습니다. '네가 그곳에서 최고의 행복을 누려도 내 품에 오는 것만 못하다는 사실을 믿느냐? 그런 사모함이 네게 있느냐?'라는 뜻이었습니다.

생각해 보니 죽음에 대한 두려움은 제게 없지만, 주님의 품을 사모하는 마음은 부족했습니다. 죽어야 할 때 두려움 없이 주님께 가겠다는 믿음은 있는데, 지금 누리는 것을 다 남겨 두고 당장 주님 품에 가고 싶을 만큼 그 품을 사모하지는 않는다는 것을 깨달았습니다. 그것을 믿는 것과 사모하는 것은 전혀 다릅니다. 주님은 제게 주님 품을 사모하는 마음이 있기를 바라셨던 것 같습니다. 그것이 제 믿음에 생긴 큰 결함이라는 사실을 깨닫게 해 주셨습니다.

'왜 이런 결함이 생겼을까?' 하고 찬찬히 생각해 보았습니다. 아, 제가 젊은 시절부터 싸워 온 신학적 혼란 때문이었습니다. 예수님에 대한 믿음이 깊어지면서 하나님이 계시다는 것도 믿어지고, 천국이 있다는 것도 믿어지고, 영생도 믿어지는 것이 올바른 순서입니다. 그런데 많은 사람들이 이 순서를 잘못 이해하고 있습니다. 죽어서 천국 가기 위해서 혹은 영원히 살고 싶어서 예수를 믿습니다. 많은 사람들이 예수 믿는 순간 천당 가는 티켓을 손에 거머쥔 것처럼 생각합니다. 그 티켓만 있으면 이 땅에서 어떻게 살든 죽고 나서 천국에 간다고 믿습니다.

저는 한국 교회가 안고 있는 수많은 문제의 뿌리가 여기에 있다고 생각했습니다. 자라면서 제가 만난 많은 교인들의 목표는 대개 '죽어서 천국 가는 것'에 있는 것처럼 보였습니다. 그렇게 설교하는 사람들이 대부분이었고, 전도도 그런 식으로 했습니다. 매일 주님과 동행하며 그리스도의 향기를 풍기는 사람들은 드물어 보였습니다. 바로 그러한 이유 때문에 양적으로는 성장했지만 질적인 성숙이 일어나지 않았다고 판단했습니다. '천국 가기 위해 믿는' 것이 아니라 '믿어서 천국을 보는'

것으로 순서를 바꾸는 데 희망이 있다고 판단했습니다.

그런 문제의식을 가지고 신학을 공부했고, 신학교에서 가르칠 때도 그것이 저의 주된 관심사였으며, 목회 현장으로 옮기고 나서도 마찬가지였습니다. 믿는 사람이 세상을 살아가면서 감당해야 할 책임에 관심을 두었습니다. 그동안 제가 했던 수많은 설교들은 주제와 표현은 달랐지만 다음과 같은 한 가지 메시지를 향해 있었습니다.

죽고 나서 갈 천국만 생각하지 말라. 예수님은 죽고 나서 천국에 가라고 말씀하지 않으셨다. 지금 이곳에서 천국을 보라고 하셨고 천국을 살라고 하셨다. 그렇게 살다 죽으면 천국에 갈 수 있다. 그러니 지금 이곳에서 예수 그리스도의 제자답게 그리고 하나님의 자녀답게 살도록 힘써라. 그것이 잘 믿는 것이다.

흔들리지 않는 것들

이 싸움으로 인해 저는 죽고 나서 가는 천국과 영생에 대해 마땅히 쏟아야 할 정도의 관심을 쏟지 않았습니다. 지금 이곳에서 천국을 사는 것에 대해 너무 강조하다 보니, 죽고 나서 가는 천국에 대해서는 소홀히 했습니다. 이 땅에서 예수님의 제자로 사는 것에 대해서 강조하다 보니, 하나님 나라에서 누리게 될 성도들의 영광에 대해서는 별 관심을 두지 않았습니다. 관심이 부족하다 보니 그것에 대한 열정도 사모함도 간절함도 부족했습니다.

저는 주님의 뜻을 알아차리고 천국과 영생을 사모하는 마음을 달라고 기도했습니다. 마지막 날 새벽에는 예배실에 홀로 앉아 한참 동안 장례식 찬송들을 골라 불렀습니다. "해보다 더 밝은 저 천국 믿음만 가지고 가겠네", "고생과 수고가 다 지난 후", "괴로운 인생길 가는 몸이", "저 요단 강 건너편에 찬란하게 뵈는 집", "저 높은 곳을 향하여 날마다 나아갑니다", "하늘 가는 밝은 길이 내 앞에 있으니." 누가 보았다면 아마 제정신이 아닌 줄로 생각했을 것입니다.

그 찬송들을 계속 부르다 보니 두 가지 질문이 생겼습니다. 하나는 '혹시 하나님이 나를 데려가려고 준비시키시나?'라는 생각입니다. 인간은 영적인 존재이기 때문에 자기도 모르는 사이에 죽음을 준비합니다. 하지만 그렇지는 않을 거라는 생각이 들었습니다. 제가 그것을 의식했기 때문입니다. 죽음의 때에 관한 한, 하나님은 숨바꼭질을 좋아하시는 것 같습니다. 우리가 '이 때인가?'라고 눈치채는 순간 하나님은 계획을 바꾸십니다. 그러고는 우리가 알지 못하는 순간에 데려가십니다.

또 하나의 질문은 "왜, 이 찬송들을 장례식에서만 부르고 있나?"라는 것이었습니다. 장례식 찬송을 계속 부르다 보니 제 마음에 천국과 영생에 대한 열망과 사모함과 소망이 회복되는 것 같았습니다. 앞으로 평상시에도 장례식 찬송을 자주 불러야겠다는 생각을 했습니다.

'기도', '찬송', '말씀'이 영적 생활의 삼박자입니다. 수양관에 있는 동안 살펴볼 말씀으로는 히브리서를 택했습니다. 히브리서 11장은 '믿음장'이라 불릴 정도로 믿음에 대해 많은 것을 말해 줍니다. 성경이 믿음에 대해 말하는 것 중 제게 부족한 것이 무엇인지를 물어 가며 찬찬히 읽었습니다. 그러던 중 12장 말씀에서 눈이 번쩍 뜨이는 경험을 했습니다. 여기서 저자는 믿는 사람들에게 '흔들리지 않는 나라'에 대해 말합니다.

여러분은 말씀하시는 분을 거역하지 않도록 조심하십시오. 그 사람들이 땅에서 경고하는 사람을 거역하였을 때에, 그 벌을 피할 수 없었거든, 하물며 우리가 하늘로부터 경고하시는 분을 배척하면, 더욱더 피할 길이 없지 않겠습니까? 그때에는 그의 음성이 땅을 뒤흔들었지만, 이번에는 그가 약속하시기를 "내가 한 번 더, 땅뿐만 아니라 하늘까지도 흔들겠다" 하셨습니다. 이 '한 번 더'라는 말은 흔들리는 것들 곧 피조물들을 없애버리는 것을 뜻합니다. 그렇게 하는 것은 흔들리지 않는 것들이 남아 있게 하시려는 것입니다. (25-27절)

25절의 '말씀하시는 분'은 하나님을 가리킵니다. '그 사람들'은 모세의 말을 거역했던 이스라엘 백성을 가리키고, '땅에서 경고하는 사람'은 모세를 가리킵니다. 시내 산에서 하나님이 모세를 통해 당신을 드러내실 때 땅이 뒤흔들렸습니다. 그것처럼 마지막 날에는 하나님이 온 우주를 뒤흔드실 것입니다. 그때 흔들려 없어질 것이 있고 흔들리지 않고 남는 것이 있을 것입니다.

'흔들리는 것들'은 영원하지 않은 것을 말합니다. 반면 '흔들리지 않는 것들'은 영원한 것을 말합니다. 지금 우리는 '흔들리는 것들' 안에서 '흔들리는 것들'을 가지고 살아가는 '흔들리는 생명들'입니다. 영원한 것은 하나도 없습니다. 우리에게는 그것이 전부인 것처럼 보입니다. 하지만 예수 그리스도를 믿으면 '흔들리지 않는 것들'에 눈을 뜨게 됩니다. 영원히 흔들리지 않는 존재가 있고, 흔들리지 않는 나라가 있으며, 흔들리지 않는 생명이 있음을 알게 됩니다. 그것을 믿는 데까지 자라가야 하며, 그것을 사모하고 갈망하는 데까지 이르러야 합니다.

이미 우리 가운데 있는 천국

우리의 믿음이 거기까지 이르면 죽음이 두렵지 않습니다. 그뿐 아니라 주님 품에 안기는 것을 사모하고 열망하게 됩니다. 이 땅에서 그 어떤 행복을 누린다 해도 주님 품에 거하는 것만큼 행복하지는 않다는 것을 사실로 믿게 됩니다. 바울 사도가 빌립보 교인들에게 "내가 원하는 것은, 세상을 떠나서 그리스도와 함께 있는 것입니다"(빌 1:23)라고 고백했는데, 그 고백이 우리에게도 진실이 됩니다. 이 믿음이 있으면 "너, 지금 올 수 있겠니?"라고 물으실 때, 기쁘게 자리를 털고 일어나 손을 뻗을 수 있습니다.

이와 함께 주목해 볼 만한 말씀이 있습니다. 히브리서 12장 22-24절입니다.

그러나 여러분이 나아가서 이른 곳은 시온 산, 곧 살아 계신 하나님의 도성인 하늘의 예루살렘입니다. 여러분은 축하 행사에 모인 수많은 천사들과 하늘에 등록된 장자들의 집회와 만민의 심판자이신 하나님과 완전하게 된 의인의 영들과 새 언약의 중재자이신 예수와 그가 뿌리신 피 앞에 나아왔습니다. 그 피는 아벨의 피보다 더 훌륭하게 말해 줍니다.

여기서 '여러분'은 예수 그리스도를 진실하게 믿는 사람들입니다. '시온 산'은 천국을 의미하는 비유입니다. '축하 행사'는 천국의 축제를 가리킵니다. '장자들의 집회'도 역시 천국을 가리킵니다. '의인의 영'은 천국에 사는 성도들을 가리킵니다. 이 모든 비유는 천국을 가리킵니다. 천국에서 일어나고 있는 일들을 상징합니다. 무슨 뜻입니까? 믿는 사람들은 죽고 나서 맛보게 될 천국과 영생을 이미 이 땅에서 경험하고 살 수 있다는 뜻입니다.

여기서 우리는 '흔들리지 않는 것들'에 대해서 두 가지 믿음이 필요하다는 것을 확인합니다. 첫째, '흔들리지 않는 것들'이 존재한다는 것을 믿어야 합니다. 그것을 믿을 뿐 아니라 사모하는 데까지 이르러야 합니다. 둘째, '흔들리지 않는 것들'이 이미 주어졌다는 것을 믿어야 합니다. 이 땅에 사는 동안 믿음을 통해 그 맛을 보고 살아갈 수 있음을 믿는 것입니다. 두 믿음이 결합되어야 온전한 믿음이 됩니다.

불행하게도 이 두 가지 믿음이 자주 따로 놉니다. 과거뿐 아니라 지금도 많은 이들이 죽고 나서 가는 천국만을 생각합니다. "죄 많은 이 세상은 내 집 아니네", "저 하늘에는 슬픔이 없네. 거기는 기쁨만 있네"라고 찬송하면서 죽고 나서 갈 천국만을 바라봅니다. 그러면서 믿음으로 누리는 천국을 놓쳐 버립니다. 반면에 저 같은 사람은 "내 모든 죄 사함 받고 주 예수와 동행하니 그 어디나 하늘나라"라는 찬송을 즐겨 부르며 이 땅에서 천국을 누리도록 힘씁니다. 그러나 마침내 가게 될 천국의 영광을 주목하지 못합니다. 이번 기도의 여정을 통해 주님은 저에게 부족했던 일면을 보완해 주셨습니다.

거의 천국!

수양관에서의 마지막 날, 일정을 마치고 집으로 향하기 전 그동안 저에게 일어났던 이야기를 페이스북에 간략하게 썼습니다. 주님이 '너, 지금 올 수 있겠니?'라고 물으시면 '예, 그것이 제게는 더 복된 일입니다'라고 응답할 믿음을 품고 싶다고 썼습니다.

얼마 후 어느 집사님이 댓글을 올리셨습니다. 그분은 7년 전에 유방암 수술을 하고 한국으로 돌아가신 후, 지금까지 전이된 암과 지루한 싸움을 하고 계십니다. 그분이 이렇게 쓰셨습니다.

> 목사님, 전 항암치료 후 힘들 때마다 마음속에 "이렇게 힘든데 나랑 가겠니?"라는 음성이 들립니다. 그럴 때면 늘 "주님, 지금은 아니에요" 하고 투덜대곤 합니다. 언제쯤이면 순종하며 "네!"라고 할 수 있을까요?

이 글을 읽고는 '아차!' 싶었습니다. 제 말이 그 집사님과 같은 상황에 있는 분들에게는 본뜻과 상관없이 다른 메시지로 들리겠다 싶었습니다. 그래서 서둘러 그 집사님에게 답글을 써서 제 뜻은 다른 데 있음을 전했습니다. 이 세상에서 누리는 그 어떤 행복보다 주님 품에 거하는 것이 더 행복하다는 믿음은 이 땅에서 우리가 마땅히 싸워야 할 싸움을 포기하라는 뜻이 아니라고 말입니다. 천국과 영생에 대한 참된 믿음과 열망은 이 땅에서의 삶을 소홀히 하거나 포기하게 하는 것이 아니라 오히려 더 열심히, 더 적극적으로 살게 만드는 것임을 말씀드렸습니다.

기독교 신앙에 대해 빈정거리는 사람들이 자주 하는 말이 있습니다. "천국이 있고 영생이 있다면 당신들은 왜 더 오래 살려고 발버둥치는 것입니까?" 이것은 반은 맞고 반은 틀린 말입니다. 믿는다는 사람이 죽음을 두려워하거나 이생에 미련을 버리지 못하고 생명을 어떻게든 연장하기 위해 발버둥치는 것은 맞지 않는 일입니다. 하나님 나라를 믿고 그 나라의 영원한 행복을 진실로 믿는다면, 때가 되었다 싶을 때 기쁘게 떠나는 것이 맞습니다. 하지만 하나님이 허락하신 생명을 다 채울 때까지는 우리에게 주신 생명에 최선을 다하는 것이 맞습니다. 우리의 생애는 하나님이 허락하신 가장 귀한 선물 중 하나입니다. 생명을 포기하거나 소홀히 대하는 것은 그것을 선물로 주신 분에게 도로 집어던지는 것과 다르지 않습니다.

그런데 모든 일정을 끝내고 돌아오는 길에 하마터면 교통사고를 당할 뻔했습니다. 웨스트버지니아의 시골길, 한적한 세 갈림길에서 맞은편 언덕에서 내려오던 차가 총알 같은 속도로 제 앞에서 좌회전하여 스쳐 지나갔습니다. 존 덴버(John Denver)의 어느 노래에서 웨스트버지니아를 'almost heaven'(거의 천국)이라고 불렀는데, 제가 heaven(천국)에 almost(거의) 갈 뻔했습니다.

얼떨떨한 정신으로 운전을 하고 오면서 생각해 보았습니다. '지금 이곳에서 내가 죽는다면?' 그러면 저 자신으로서는 손해 볼 것이 하나도 없다 싶었습니다. 이미 기도원에서 그 문제를 정리하고 내려왔습니다. 주님 품에 안기는 것이 저에게는 더 행복해지는 일입니다. 하지만 저의 갑작스러운 죽음으로 인해 가족과 교회에 줄 충격과 아픔에 생각이 미쳤습니다. 그것을 생각하니 나 하나 좋다고 무작정 바랄 일은 아니다 싶었습니다. 그제야 빌립보서에서 바울 사도가 한 말씀이 이해가 갔습니다.

내가 원하는 것은, 세상을 떠나서 그리스도와 함께 있는 것입니다. 그것이 훨씬 더 나으나, 내가 육신으로 남아 있는 것이 여러분에게는 더 필요할 것입니다. 나는 이렇게 확신하기 때문에, 여러분의 발전과 믿음의 기쁨을 더하기 위하여 여러분 모두와 함께 머물러 있어야 할 것으로 압니다.
(1:23-25)

흔들리지 않는 삶

'흔들리지 않는 것들'을 믿고 또한 그것을 믿음 안에서 맛보고 살아가면 크게 두 가지 변화가 일어납니다. 첫째, 어떤 상황에서도 감사하고 기뻐합니다. 바울 사도는 "항상 기뻐하십시오. 모든 일에 감사하십시오"(살전 5:16-17)라고 말했는데, 그럴 수 있는 능력은 '흔들리지 않는 것들'을 믿고 누리는 데서 옵니다. 그래서 히브리서 12장의 결론도 동일합니다.

> 그러므로 우리는 흔들리지 않는 나라를 받으니, 감사를 드립시다. (28절 상)

둘째, '흔들리지 않는 것들'을 믿고 또한 그것을 누리고 사는 사람들은 거룩하고 의롭게 살아갑니다. 억지로 그렇게 하는 것이 아닙니다. 우리가 아는 것과 믿는 것이 우리를 그렇게 만듭니다. 그래서 히브리서 저자는 계속하여 이렇게 권면합니다.

> 그리하여, 경건함과 두려움으로 하나님이 기뻐하시도록 그를 섬깁시다. (28절 하)

영원한 것, 흔들리지 않는 것, 참된 것이 있음을 믿을 뿐 아니라 그것을 맛보고 누리고 나면, 무엇을 위해, 누구를 위해, 어떻게 살아가야 할지를 알게 됩니다. 이제 우리 삶의 목적은 하나님이 됩니다. 그분을 기쁘시게 하는 것입니다. 그분의 뜻을 이루어 드리는 것입니다.

하나님을 기쁘시게 하는 것이 구체적으로 어떻게 사는 것이냐고 물으실 분이 계실지 모릅니다. 히브리서 13장 서두에 그 답이 나와 있습니다.

서로 사랑하기를 계속하십시오. 나그네를 대접하기를 소홀히 하지 마십시오. 어떤 이들은 나그네를 대접하다가, 자기들도 모르는 사이에 천사들을 대접하였습니다. 감옥에 갇혀 있는 사람들을 생각하되, 여러분도 함께 갇혀 있는 심정으로 생각하십시오. 여러분도 몸이 있는 사람이니, 학대받는 사람들을 생각해 주십시오. 모두 혼인을 귀하게 여겨야 하고, 잠자리를 더럽히지 말아야 합니다. 음행하는 자와 간음하는 자는 하나님의 심판을 받을 것입니다. 돈을 사랑함이 없이 살아야 하고, 지금 가지고 있는 것으로 만족해야 합니다. (1-5절)

여기서 저자는 하나님을 기쁘시게 하는 삶의 방법에 대해 다섯 가지 예를 들어 말합니다.

1) 사랑하기를 계속하라.
2) 나그네를 대접하라.
3) 감옥에 갇혀 있는 사람들을 돌보라.
4) 성적 순결을 지켜라.

5) 탐욕을 버리고 자족하라.

우리는 이 목록을 한없이 열거할 수 있습니다. '흔들리지 않는 나라'를 믿고 그 나라를 살게 되면, 삶의 모든 영역에서 변화가 일어난다는 뜻입니다. 생각과 말과 행실, 모든 면에서 변화가 일어납니다. 교회 안에서뿐 아니라 가정과 직장에서 말하고 행동하는 데 변화가 일어납니다. '흔들리지 않는 것들'에 대한 믿음이 깊고 체험이 강할수록 그 변화는 더 깊어지고 강해집니다.

사랑하는 성도 여러분, 여러분의 믿음은 어떻습니까? 여러분 가운데 아직도 '흔들리지 않는 나라'에 대한 믿음이 없는 분들이 계십니까? 혹은 그 나라에 갈 만한 준비가 되어 있지 않으십니까? 죽음의 문턱에서 여러분은 어떻게 행동할 것 같습니까?

영생에 대한 믿음이 없는 사람도 죽음을 대수롭지 않게 여길 수 있습니다. 꼭 믿음이 있어야 죽음에 대한 두려움을 이길 수 있는 것은 아닙니다. 모든 것을 체념하고 죽는 편이 더 낫다고 생각하는 사람도 많습니다. 죽으면 모든 것이 끝난다고 생각하기 때문에 그렇습니다.

하지만 성경이 증언하는 대로 과연 '흔들리지 않는 나라'가 있다면, 여러분은 어떻게 되겠습니까? 불행하게도 죽고 나서 모두 그 나라에 이르는 것이 아닙니다. 저도 이런 말을 하기 싫습니다. 그러나 제가 믿고 싶은 대로 믿을 수는 없는 일이 아닙니까? 히브리서 12장의 마지막 구절은 빼버리고 싶은 말씀입니다.

우리 하나님은 태워 없애는 불이십니다. (29절)

우리가 싫다고 뺄 수도 없고 외면해서도 안 됩니다. '흔들리지 않는 나라'에서 오셔서 그 나라를 우리에게 알려 주신 예수님도 그렇게 말씀하셨습니다. 그 나라에 준비된 사람에게는 하나님의 품이 구원이지만, 준비되어 있지 않은 사람에게는 심판이요 재앙입니다.

그 나라에 준비되어야 합니다. 그 나라에 우리를 준비시키는 것은 오직 믿음뿐입니다. 예수 그리스도를 주님으로 모셔 들이고 그분의 보혈로써 죄 씻음을 받고 그분의 성령으로 거듭나야 합니다. 그래야만 주님이 "너, 지금 올 수 있겠니?"라고 물으실 때 "오, 주님, 이때를 기다렸습니다"라고 말하며 응답할 수 있습니다. 그래야만 그 나라에 이르렀을 때, 그 품에서 위로와 안식과 행복을 누리게 될 것입니다. 부디 주님의 부름에 언제든지 준비된 믿음에 이르시기 바랍니다.

여러분 가운데는 주님의 은혜로 '흔들리지 않는 나라'를 약속받고 그 나라에 준비된 분들도 많습니다. 주님이 "너, 지금 올 수 있겠니?"라고 물으신다면, 여러분은 어떻게 대답하시겠습니까? 과연 주님 품에 안기는 것이 나에게 일어날 수 있는 최고의 사건이라는 믿음으로 그 초청에 기쁘게 응하겠습니까? 아니면 마지못해 그 초청에 응하시겠습니까?

예수 그리스도의 은혜 안에서 우리는 이미 그 나라에 서 있음을 믿으시기 바랍니다. 이미 영생을 얻었습니다. 이미 흔들리지 않는 나라에 이르렀습니다. 그러므로 그 나라에 대한 믿음과 소망 그리고 사모함이 더욱 커지도록 힘씁시다. 그 믿음이 커지는 만큼 우리는 이 땅에 사는 동안 항상 기뻐할 것이며, 생각과 말과 행동으로 하나님을 기쁘시게 하고 그분의 뜻을 이룰 수 있을 것입니다.

영원하신 주님,
저희에게 흔들리지 않는 나라를
보게 하시고
믿게 하시며
살게 하시니
감사합니다.
저희에게
그 믿음을 더하소서.
모든 것을 가진 사람처럼
이 땅에서 살게 하시고
주님 부르실 때
아무것도 없는 사람처럼
기쁘게 떠나게 하소서.
아멘.

1장

우주의 이방인

"이 세상의 모든 생명은 죽음과 십자가를 거쳐야 한다. 그렇지 않으면 부활과 영원에 이르지 못한다. 죽음을 생명의 신비의 한 부분으로 본다면, 그것은 마지막 사건이 아니며 마지막 단어도 아니다."
—— 니콜라스 베르자에프, 러시아 철학자

이 사람들은 모두 믿음을 따라 살다가 죽었습니다.
그들은 약속하신 것을 받지는 못했지만,
그것을 멀리서 바라보고 반겼으며,
땅에서는 길손과 나그네 신세임을 고백하였습니다.
이런 말을 하는 사람들은 자기네가 고향을 찾고
있다는 것을 나타내는 것입니다.
그들이 만일 떠나온 곳을 생각하고 있었더라면,
돌아갈 기회가 있었을 것입니다.
그러나 사실은 그들은 더 좋은 곳을 동경하고 있었던 것입니다.
그것은 곧 하늘의 고향입니다.
그래서 하나님께서는 그들의 하나님이라고 불리는 것을
부끄러워하지 않으시고,
그들을 위하여 한 도시를 마련해 두셨습니다.

—— 히브리서 11:13-16

고인은 대학 졸업과 동시에 유학 중인 남편과 결혼하면서 이민 생활을 시작하셨다. 원래 심약했던 고인은 첫 아들을 낳은 후부터 우울증을 앓기 시작하셨다. 미국 주류 사회에서 승승장구하는 남편, 백인 아이들처럼 말하고 행동하는 자녀들 그리고 쉽게 적응할 수 없는 미국 생활 등으로 인해 우울증은 정신분열증으로 이어졌다. 남편이 은퇴한 뒤, 잠시 동안 건강하던 고인은 말년에 골수암 진단을 받으셨고 치료 과정에서 다시 병세가 깊어졌다. 그렇게 약 3년을 고통받다가 70대 후반에 하나님의 부름을 받으셨다. 이 설교는 고인의 고별 예배에서 나눈 말씀이다.

오늘 우리는 우리와 함께 생의 기쁨과 슬픔을 나누던 성도님과 고별하기 위해 이 자리에 모였습니다. 우리 모두가 익히 알고 있는 것처럼 성도님은 지난 50여 년 동안 조울증과 정신분열증으로 어려움을 당하셨습니다. 참으로 여리고 착하고 수줍던 성도님은 지난 수요일 아침, 조용하고 평화롭게 하나님의 부름을 받으셨습니다.
    지난주 주일 예배를 마친 후, 저는 병원에서 성도님을 뵈었습니다.

의식이 없는 상태에 계셨지만, 영적으로는 서로 통한다고 믿으며 작별 인사를 나누고, 그 영혼을 하나님께 의탁하는 기도를 드렸습니다. 기도를 마치고 나오려는데, 부목사님이 들어오셨습니다. 피곤하여 지쳐 계셨음에도 성도를 사랑하는 마음에 홀로 병실을 찾으신 목사님에게서 한 마리 양을 사랑하는 목자의 심정을 느낄 수 있었습니다. 저는 다시금 목사님에게 기도를 부탁했습니다. 기도 후에 저는 먼저 나오고 목사님은 더 남아 계셨습니다.

작별 인사는 했지만, 성도님은 안정된 상태에 좀더 머물러 계셨습니다. 사랑하는 사람들이 모여 임종 예배를 드릴 시간을 주시는가 싶어서 수요일 오후 1시에 모여 예배를 드리기로 했습니다. 아쉽게도 성도님은 수요일 오전 8시 45분경에 하나님의 부름을 받으셨습니다. 호스피스 병실로 옮긴 다음에 사랑하는 사람들과 충분히 작별 인사를 나눈 터였기에 특별한 아쉬움은 없었습니다.

남편은 참으로 지극 정성으로 부인을 돌보셨습니다. 이민 1세대 한국인으로서 미국 주류 사회의 치열한 경쟁에서 승승장구했던 분이기 때문에 부인에 대한 그런 세심한 돌봄과 사랑이 가능하지 않을 줄 알았습니다. 제가 두 분을 안 지 벌써 8년이 됩니다만, 교우님의 아내 사랑을 목격할 때마다 감동하곤 했습니다. 그래서 가끔 제 아내에게 말하곤 했습니다. "만약 당신이 저렇게 되면 나는 저분처럼 못할 것 같아. 그러니 알아서 해."

말은 그리 했으나 저도 교우님처럼 좋은 남편이기를 원합니다. 그런데 그렇게 되기란 쉽지 않은 일입니다. 얼마 전, 듀크 대학교에서 신학을 가르치는 스탠리 하우어워스(Stanley Hauerwas)의 회고록 『한나의 아이』(*Hannah's Child*, IVP)를 통해 조울증을 앓는 아내와 함께 사는 것이 얼마나 힘겨운 일인지를 간접적으로 느꼈습니다. 그렇기에 아내에 대한 교우님의 지치지 않는 헌신이 더욱 놀랍게 느껴졌습니다. 고인은 평생토록 참으로 힘겹게 사셨지만, 남편의 사랑을 한 몸에 받고 사셨으니, 행복한 분이라고 할 수 있습니다.

이 예배를 준비하기 위해 몇 년 전 교우님이 선물하신 자서전을 찾아보았습니다. 부제가 "한국전쟁으로부터 아메리칸 드림을 성취하기까지"였습니다. 책 내용 중 부인에 관한 부분들을 찾아 읽어 보았습니다. 교우님은 자서전에서 아내의 정신 질환 문제를 있는 그대로 쓰셨습니다. 이는 한국인의 일반적인 정서와는 상당히 차이가 있는 일입니다. 우리는 일반적으로 그런 이야기들은 수치스럽다고 생각하고 숨기는 경향이 있습니다. 그런데 교우님은 있는 그대로 정직하게 아내의 질환에 대해 기록하셨습니다. 그중 일부를 번역하여 읽어 드립니다.

아내의 문제는 다분히 익숙한 문화로부터 떨어져 살기 때문에 생긴 것임을 나는 알고 있었다.…아내는 조용하고 겸손하며 소심했다. 하지만 가족과 남편에 대해서는 아주 강한 사랑을 가지고 있었다. 우리가 결혼하자마자 아내는 임신을 했다. 미국에 와서 영어를 배우거나 다른 사람과 어울리는 미국식 사회생활에 대해 배울 기회가 없었다.…아내는 남편과의 사이가 점점 멀어지는 것을 느꼈다. 남편은 미국 주류 사회에서 신속하게 승진해 나갔으나, 자신은 여전히 한국 여인으로 남아 있었던 것이다. 게다가 아내는 생활에서 오는 분노를 표현하거나 다룰 줄 몰랐다. 그 스트레스와 억압된 분노가 조울증으로 폭발한 것이다.

증세가 악화될 즈음이면 의사들은 병원에 입원시키라고 권고하곤 했습니다. 하지만 처음부터 교우님은 당신 스스로 돌보는 편을 택하셨습니다. 아내의 문제가 무엇인지 잘 아셨기 때문입니다. 낯선 환경에 대한 스트레스 때문에 고생하는 아내를 낯선 병원에 맡길 수 없었던 것입니다. 앞에서 말한 것처럼 그렇게 하는 것이 결코 쉬운 일이 아니라는 사실을 일찌감치 깨달았지만, 교우님은 특별한 경우 외에는 늘 당신이 돌보는 편을 택하셨습니다. 많은 눈물과 기도와 아픔을 겪은 후, 교우님은 회고록에 당신의 선택이 옳았다고 적으셨습니다. 그 대목을 또 읽어 드리겠습니다.

나는 아내에게 특별한 관심을 기울이고 고통을 겪는 아내를 돌보는 일이 하나님이 나에게 주신 아내 사랑법이라고 느꼈다. 때때로 나는 모든 가정에는 나름대로 져야 할 십자가가 하나는 있기 마련이라고 믿었는데, 나의 십자가는 조울증 아내를 돌보는 일이었다. 이 질병과의 기나긴 싸움을 통해 우리의 관계와 사랑은 결코 줄어들지 않았다. 오히려 우리의 관계는 더 강해졌다.···만일 아내를 정신병원에 맡겼더라면, 지난 40여

년 동안 아내와 나누었던 사랑의 관계를 결코 맛보지 못했을 것이다.

저는 이 대목에서 마음 깊이 감동을 받았습니다. 고인은 진실로 행복한 아내였다는 사실을 확인할 수 있었습니다. 지난 50년 가까이 환청을 듣고 피해망상증에 시달릴 때에도 결코 남편을 의심하거나 두려워한 적은 없다는 사실이 그것을 입증합니다. 고인은 언제나 남편의 사랑을 믿으셨습니다. 이 세상 모두가 당신을 버려도 남편은 자기 옆을 지킬 것이라고 굳게 믿으셨던 것입니다.

자서전 내용 중에서 특히 제 마음을 아리게 했던 대목이 있습니다. 은퇴하기 얼마 전 한국에서 부름을 받고 사셨던 때가 있었습니다. 그때 모처럼 행복한 시간을 가지셨습니다. 모교에서 공부도 하고, 친구들과 만나 수다도 떠셨습니다. 그 모습이 너무 행복해 보여서 남편이 물으셨다지요.

"여보, 은퇴하고 나면 서울 와서 살까?"

그런데 집사님이 의외의 대답을 하십니다.

"아니."

"왜?"

"내 아들들이 미국에 있으니, 내 집은 미국이에요."

"당신, 미국에서 사는 것이 행복하지 않았던 것 아니야?"

"이제서야 내가 누구인지 알았어요. 내 집은 한국이 아니라 미국이에요."

이 대목을 읽으면서 마음이 아팠던 이유는 고인이 미국에서도, 한국에서도 끝내 집을 찾지 못하셨다는 것 때문입니다. 어릴 적에는 조국에서 뿌리가 뽑혔고, 새로운 땅에 와서는 제대로 뿌리내리지 못함으로 인해 늘 이방인으로 사셨던 것 같습니다. 30여 년 후에 조국에 돌아가 보았지만, 오래전에 뽑힌 뿌리가 다시 자리 잡지는 못했습니다. 미국에서도 내 집이 아닌 것 같고, 한국에서도 내 집이 아닌 것 같은 불안감이 성도님의 마음에 있었던 것 같습니다.

고인의 삶에 대해 묵상하는 중에 두 가지 생각이 떠올랐습니다. 첫째는 성도님이 이제는 당신의 영원한 고향에서 더 이상 이방인이라는 의식 없이 고향집에 와 쉬는 것처럼 진정한 안식을 맛보실 것이라는 생각입니다. 사랑하는 아내, 사랑하는 엄마 그리고 할머니를 잃은 유가족에게 이 말씀으로 위로를 전하고 싶습니다. 성도님은 하나님의 품 안에서 "이제야 내가 있어야 할 곳에 왔다!"며 안도의 숨을 내쉬실 것입니다.

둘째는 고인만이 아니라 우리 모두가 이 땅에서는 이방인이요 나그네라는 사실입니다. 저는 오늘 이 시간을 우리에게 허락하신 하나님께 감사드립니다. 고인을 통해 우리가 모두 이방인이라는 사실을 상기할 수 있게 되었기 때문입니다.

고인의 영어 이름은 '미아'(Mia)입니다. '미아'는 '마리아'의 준말입니다. 그런데 그분이 평생토록 자아정체성의 문제로 고통을 겪었으며 어디서나 이방인으로 사셨다는 사실을 생각하니, '미아'라는 이름이 영어 이름이 아니라 한자 이름으로 느껴졌습니다. '잃어버린 아이'가 미아 (迷兒)입니다. 고인은 평생 스스로 미아인 것처럼 생각하셨던 것입니다. 하지만 이제 하나님의 품 안에서 집사님은 자신을 찾고 비로소 평안을 누리실 것입니다.

오늘 우리는 히브리서 11장의 일부를 읽었습니다. 여기서 저자는 우리 모두가 이 땅에서는 길손과 나그네라고 규정합니다. 우리의 참된 고향, 영원한 고향이 따로 있기 때문입니다. 미국에서 이민자로 사는 사람들은 한국이 돌아갈 고향이라고 생각합니다. 하지만 고인처럼 그곳에 가 보아도 그곳이 우리의 참된 고향은 아니라는 사실을 곧 깨달을 것입니다. 오늘 말씀 중에서 특히 15절이 눈에 들어옵니다.

그들이 만일 떠나온 곳을 생각하고 있었더라면, 돌아갈 기회가 있었을 것입니다.

그렇습니다. 고인이 그랬듯이, 우리 모두도 자신에게 고향이라고 생각하는 곳으로 돌아가자면 돌아갈 수 있습니다. 하지만 그래 봐야 소용이 없습니다. 우리가 어떤 존재인지를 제대로 아는 사람이라면, 이 땅에 우리의 진정한 고향은 없다는 사실을 알게 될 것입니다. 우리 모두는 '고향이 따로 있는 사람들'입니다. 그렇기 때문에 우리 모두는 이 땅에서 '미아'요 '고아'요 '이방인'인 것입니다.

남편에 의하면, 고인은 늘 "김 목사님이 교회를 떠나기 전에 죽어야 하는데…김 목사님이 내 장례식을 해 줘야 하는데…"라고 말씀하셨다고 합니다. 그분은 저에 대해 이렇게 기대하고 사랑하셨는데, 저는 그분을 위해 한 것이 별로 없습니다. 그래서 오늘 아침에 그분의 영전에 드리는 '헌시'를 써 보았습니다.

우주의 이방인

그렇게 가셨군요.
이른 이민으로 인해
존재의 뿌리가 뽑히고
새로운 땅에 뿌리내리지 못하여
평생 이방인으로 사셨던 당신.
뿌리 뽑힌 지가 너무도 오래되어
조국에서도 나그네셨던 당신.

당신의 새로운 이름 '미아'(Mia)는
잃어버린 아이(迷兒)라는 뜻이었군요.

아, 그래서 당신은 늘
남이 듣지 못하는 소리를 들으셨군요.
고독한 이방인으로 살아야 했던 당신은

고향의 소리에 귀 기울이고 사셨군요.
그토록 고향에 가고 싶으셨군요.
그래서
당신의 뿌리가 되어 주기 위해 몸부림친
당신의 사랑을 남겨 두고
이렇게 홀연히 떠나가셨군요.

그래서
당신을 보내는 마음 안타깝지만,
또한 평안합니다.
당신은 이제 영원한 고향에 이르렀으므로.
당신은 더 이상 나그네요 이방인이 아니므로.

그래서 당신에게 감사합니다.
우리 모두가
당신이 먼저 간 그곳에 이르기 전까지는
우주의 이방인이라는 사실을,
실은 미아요 고아라는 사실을
일깨워 주셨기에.

2장
예수 사랑하심은

"나는 아프다. 하지만 내 안에 평화가 있다. 평화가!" —— 리처드 백스터의 마지막 말

어느덧 낮 열두 시쯤 되었는데, 어둠이 온 땅을 덮어서,
오후 세 시까지 계속되었다.
해는 빛을 잃고, 성전의 휘장은 한가운데가 찢어졌다.
예수께서 큰 소리로 부르짖어 말씀하셨다.
"아버지, 내 영혼을 아버지 손에 맡깁니다."
이 말씀을 하시고, 그는 숨을 거두셨다.
그런데 백부장은 그 일어난 일을 보고,
하나님께 영광을 돌리며 말하였다.
"이 사람은 참으로 의로운 사람이었다."
구경하러 모여든 무리도 그 일어난 일을 보고,
모두 가슴을 치면서 돌아갔다.
예수를 아는 사람들과 갈릴리에서부터 예수를 따라다닌 여자들은,
다 멀찍이 서서 이 일을 지켜보았다.
—— 누가복음 23:44-49

고인은 만 50세에 뇌종양으로 하나님의 부름을 받으셨다. 고등학교에 다니는 아들딸을 남겨 두고 1년 여의 투병 생활 끝에 세상을 떠나셨다. 노년의 부모와 젊은 아내 그리고 어린 자녀들의 슬픔이 매우 크고 무거웠다.

오늘 우리는 참으로 안타까운 마음으로 이 자리에 모였습니다. 과거에 오십이면 부족함 없이 살았다고 했지만, 요즈음 오십은 젊은 나이입니다. 그동안 갈고 닦은 것을 활짝 꽃피울 절정의 나이입니다. 다 피기도 전에 꺾인 꽃처럼 고인은 그렇게 안타까이 생을 마감하셨습니다. 이런 자리에서는 모두 다 유구무언일 뿐입니다. 저도 그냥 입 다물고 유가족과 함께 울고 있으면 좋겠습니다. 이런 자리에서 무슨 말이든 찾아 위로를 해야 하는 목사의 책임은 참 무겁습니다.

집사님은 매우 유쾌하고 착한 분이셨습니다. 주변 사람들에게 싫은 소리를 하실 줄 몰랐습니다. 예배 자리에 앉아 계셨던 모습도 기억에 남습니다. 교회에서 맡으셨던 미디어 사역 때문에 아내와 함께 예배드릴 기회가 별로 없었던 것으로 기억합니다. 주로 예배실 의자에 홀로 앉아 등을 동그랗게 만들고 어깨를 안으로 오그려 집중하여 예배드리셨던 모습이 눈에 선합니다. 워낙 조용하고 겸손하게 말하고 행동하셨기에 발병 전까지 제대로 대화를 나누어 본 적이 없습니다.

발병되고 확진을 받기까지 정말 현기증 나는 시간을 보내셔야 했습니다. 자꾸만 넘어지고 몸에 대한 통제력을 잃어 가는데, 병원에서는 똑 부러진 진단을 하지 못했습니다. 그로 인해 병원을 전전하다가 마침내 치료 불가능한 종양이라는 확진을 받으셨습니다. 가족들은 이 사실을 본인에게 알릴 수 없었습니다. 완치할 수 있다는 희망을 가지고 싸워야만 조금이라도 더 함께 있을 수 있다고 믿었기 때문입니다.

처음 확진을 받았을 때, 존스 홉킨스 병원에 입원해 계셨습니다. 병문안 갔을 때, 집사님은 특유의 사람 좋은 표정으로 "걱정 마세요. 뭐, 하나님이 죽게야 하시겠어요?"라며 오히려 저를 위로하셨습니다. 길어야 6개월이라는 의사의 진단을 듣고 난 터라 그 말이 얼마나 가슴 아프게 들렸는지 모릅니다. 저는 속으로 "하나님, 저 믿음을 어쩌시겠습니까? 히스기야 왕에게 15년을 연장해 주신 것처럼 은혜를 베풀어 주실 수 없습니까?"라고 기도했습니다.

그 이후의 투병 과정은 참혹했습니다. 운동을 몹시 좋아하셨던 집사님은 곧 몸을 움직일 수 없게 되셨고, 종양의 확산을 늦추기 위해 투여한 약물의 부작용으로 인해 시력을 잃으셨습니다. 때로는 고통으로 인해 몸부림치고, 때로는 의식 없이 지내셔야 했습니다. 매일같이 암흑 속에서 아침을 맞고 침상에서 온종일 시간을 보내야 했으니, 그

하루하루가 얼마나 외롭고 고통스러우며 또 힘겨웠겠습니까?

지켜보는 사람을 더욱 힘들게 한 것은 그런 상황에서도 죽음의 현실을 받아들이지 못하시는 것이었습니다. 믿음은 살아 있을 때는 온갖 약함을 극복하는 힘이 되지만, 최후의 순간에는 죽음을 담담하게 받아들이는 능력이 되어야 합니다. 하나님을 참되게 믿고 하나님 나라를 믿는 사람이라면, 하나님의 때라고 느껴질 때 죽음의 운명을 받아들일 수 있어야 합니다. 물론 쉽지 않은 일입니다. 이렇게 말하는 저도 막상 그런 상황에서 그렇게 할 수 있을지 자신이 없습니다. 다만, 그럴 만한 믿음이 제게 있기를 소망할 뿐입니다.

그러한 실례가 없지는 않습니다. 벌써 한참 지났습니다만, 우리 지역에 함께 사셨던 고 강영우 박사님의 이야기입니다. 시각장애인으로 아메리칸 드림을 이루신 대표적인 성공 사례의 주인공입니다. 부시 정부의 부름을 받아 백악관에서 장애인에 대한 정책을 자문하셨는데 갑작스레 췌장암 확진을 받으셨습니다. 그분은 의학적으로 회생 불가라는 진단을 받아들이고 화학 치료를 하지 않고 마지막을 준비하셨습니다. 그런 상황에서 기적적인 치유를 위해 하나님께 매달리는 것도 좋은 믿음이지만, 강영우 박사님의 선택도 우리 모두가 소망해야 할 믿음의 역사입니다.

집사님의 투병을 안타까이 지켜보면서 그것이 제일 마음을 무겁게 했습니다. 부인 집사님도 남편이 죽음의 현실을 받아늘이고 평안히 마지막을 준비할 수 있기를 바랐으나, 정작 본인은 그런 말을 꺼내지도 못하게 역정을 내셨습니다. 아마도 본인 자신도 느끼셨을 것입니다. 이제는 돌이킬 수 없는 상태에 와 있다는 사실을 말입니다. 그러나 그 현실을 인정하고 마주하기에 두려움이 너무 크셨던 것 같습니다. 그 시기로부터 저는 그분을 위해 기도할 때마다 죽음을 받아들일 수 있는 믿음을 달라고 기도했습니다.

약 4주 전, 속회 식구와 가족들이 함께 모여 예배를 드리기로 했습니다. 본인은 받아들이지 않을지 몰라도 임종을 위한 예배를 드려야겠다고 생각했습니다. 사순절 기간이었기에 많은 이들이 더 간절히 집사님을 위해 기도했습니다. 저도 그 예배를 위해 많은 기도로 준비했습니다. 의식이 있을 때, 임종을 위한 예배를 드리는 것이 필요하다고 생각했습니다. 예배를 통해 그의 영혼 안에 주님을 바라볼 믿음을 주시기를 구했습니다.

성찬을 함께 나눈 그 예배에서 우리 모두는 주님이 집사님을 사랑하고 계심을 확인할 수 있었습니다. 병실에 들어가 집사님의 손을 잡고 "집사님, 김 목사입니다"라고 말하니, 보이지 않는 눈으로 저를 쳐다보시면서 어린아이처럼 "네" 하고 반겼습니다. 환한 웃음으로 저를 맞으셨습니다. 부인은 그 모습을 보고 갑자기 울음을 터뜨리셨습니다. 그런 모습을 본 지 한참 되었기 때문입니다. 예배를 시작했습니다. 찬송을 부르니 일어나려고 몸을 꿈틀대셨습니다. 우리는 찬송을 멈추고 집사님을 일으켜 드렸습니다.

그때 저는 부르던 찬송을 그만두고 "예수 사랑하심은"을 부르자고 했습니다. 가족과 교우들이 "예수 사랑하심은"을 부르자 비스듬히 앉아 계시던 집사님의 눈에 잃었던 초점이 잡히고 얼굴에 생기가 돌아왔습니다. 그 순간 우리는 모두 거룩한 전율에 사로잡혔습니다. 집사님은 기쁨으로 마지막 성찬을 받으셨고, 그의 인생에서 가장 행복한 순간을 경험하셨습니다. 저는 또 한 번 임종 과정을 통해 주님의 임재를 보여 주신 것에 감사드렸습니다. 뿐만 아니라 집사님으로 하여금 주님을 바라보게 하시고, 죽음의 공포를 극복하게 해 주신 것에 대해 감사드렸습니다. 우리가 걱정한 일을 주님이 주님의 방법으로 주님의 시간에 해결해 주신 것입니다.

지난 주일 저녁, 마지막 임종 과정에 대한 이야기를 듣고 저는 또다시 깊은 감동을 받았습니다. 아무래도 상태가 좋지 않고 시간이 얼마 남지 않은 것 같아서 부인과 자녀들이 차례로 들어가 작별 인사를 했다고 합니다. 사랑하는 가족의 작별 인사를 다 듣고 나서 마지막으로 아들의 작별 인사를 듣는 중에 운명하셨다는 것입니다. 아직 어린 아들로서는 자신의 눈앞에서 아버지를 떠나보냈다는 것을 받아들이기 힘들겠지만, 저는 확실히 믿습니다. 이 작별 인사는 아들에게 더없이 소중한 순간으로 기억될 것이라는 사실을 말입니다. (다음은 제가 고인의 아들에게 전한 말입니다.)

Philip, I heard that your father passed away while you spoke to him. I know that you will need some time to take it to your heart and digest it. It may seem too big for you to swallow. Philip, let me tell you this. You gave the best gift to your father. It is all fathers' wish to die before their beloved children. I am sure that your father must have been happy because you were there. Also, I assure you that this will be remembered as the most memorable moment in your life. At this moment you may have mixed feelings and some confusions, but soon you will realize that your father left you the best gift possible. Please cherish this memory in your heart!

필립아, 네가 아버지에게 무슨 말을 하는 동안에 아버지께서 운명하셨다지? 그것을 네가 받아들이고 소화하기까지 시간이 좀 필요하다는 것을 잘 안다. 지금은 너무 힘들어서 받아들이기 어려울 거야. 필립아, 너에게 이 말을 꼭 해 주고 싶구나. 너는 아버지에게 가장 큰 선물을 주었단다. 사랑하는 자녀들 앞에서 생을 마감하는 것은 모든 부모의 바람이란다. 네가 곁에 있어 주어서 아버지가 매우 행복하셨을 거야. 너에게도 그 순간이 가장 오래 기억될 순간으로 남게 될 것이라 믿는다. 지금 너는 복잡한 감정으로 마음이 혼란스럽겠지. 하지만 머지않아 아버지가 너에게 가장 좋은 선물을 남겨 주고 가셨음을 알게 될 거야. 그 기억을 귀하게 간직하길 바란다.

오늘 저는 예수님이 운명하시는 이야기를 읽었습니다. 주님은 "아버지, 내 영혼을 아버지 손에 맡깁니다"라고 기도하고는 마지막 숨을 거두셨습니다. 이 기도는 유대인들의 취침 기도입니다. 잠을 자는 동안에 자신의 영혼이 어찌될지 모르니, 내일 아침에 일어날 때까지 영혼을 지켜 달라는 기도입니다. 주님은 마치 한잠 자고 일어나실 것처럼 이렇게 기도하십니다. 그분에게 죽음은 죽음이 아니라 잠이었습니다. 그분의 운명 과정을 지켜본 백부장은 "이 사람은 참으로 의로운 사람이었다"고 고백합니다.

우리는 믿습니다. 고인도 마지막에 이렇게 기도하셨을 것입니다. 사랑하는 아내와 아들딸의 작별 인사를 받고, "아버지, 내 영혼을 아버지 손에 맡깁니다"라고 기도하면서 하나님의 품에 안기셨을 것입니다. 믿음이 연약할 때는 죽음을 대면할 수 없었지만, 믿음을 회복하고 보니 죽음은 긴 잠이라는 것을 아셨을 것입니다. 그러기에 우리는 백부장처럼 고백할 수 있습니다. "주님께서 진실로 그를 사랑하셨다"고 말입니다.

하나님이 집사님을 진실로 사랑하셨다면 질병을 치료해 주셔야 하는 것 아니냐고 물으실 분도 있을 것입니다. 그랬더라면 좋았을 것입니다. 하지만 하나님은 그렇게 하지 않으셨습니다. 그 이유를 저는 알 수 없습니다. 나만, 하나님이 사랑하시는 방법은 여러 가지라는 것을 저는 믿습니다. 또한 인생에는 우리의 이해를 넘어서는 것이 있다는 사실을 믿습니다. 그렇기 때문에 하나님 안에 머물러 있는 한 모든 것이 은혜요 축복이라는 사실을 믿습니다.

자식을 먼저 보내고 가슴에 묻어야 하는 부모님, 삶의 기둥을 잃고 홀로 서야 하는 아내, 아직도 아버지의 자리가 절실한 딸과 아들, 하나밖에 없는 오빠를 보내야 하는 동생…. 부디, 인간의 말로는 설명할 수 없는 하나님의 위로와 은총이 여러분에게 함께하기를 기도합니다. 주님이 집사님을 특별하게 사랑하셨음을 믿고 하나님의 사랑의 손길에 맡기시길 바랍니다. 그리고 이제 각자에게 주어진 길을 다시 걸어가실 수 있기를 바랍니다.

또한 고인을 추모하고 유가족을 위로하기 위해 이 자리에 모이신 모든 조객들에게 권면합니다. 여러분도 주님의 사랑을 힘입으시길 바랍니다. 주님이 여러분과 함께하신다는 사실을 깨닫고 체험하시길 바랍니다. 우리에게 남아 있는 삶을 하나님 안에서 더욱 신실하게, 더욱 거룩하게, 더욱 사랑하며 살아갑시다. 그리하여 우리의 마지막도 주님 안에서 잠을 자듯 그렇게 맞이할 수 있기를 바랍니다.

3장

깊은 눈동자

"죽음은 생명의 꽃이며 하나님과의 연합의 절정이다."
—— 앙리 드 토크빌, 19세기 프랑스 사제

영광을 받거나, 수치를 당하거나,
비난을 받거나, 칭찬을 받거나, 그렇게 합니다.
우리는 속이는 사람 같으나 진실하고,
이름 없는 사람 같으나 유명하고,
죽는 사람 같으나, 보십시오, 살아 있습니다.
징벌을 받는 사람 같으나 죽임을 당하는 데까지는 이르지 않고,
근심하는 사람 같으나 항상 기뻐하고,
가난한 사람 같으나 많은 사람을 부요하게 하고,
아무것도 가지지 않은 사람 같으나 모든 것을 가진 사람입니다.
―― 고린도후서 6:8-10

고인은 96세 생일을 석 달 남겨 놓고 하나님의 부름을 받으셨다. 고인의 부친은 한국 현대사에 큰 영향력을 끼치신 분이다. 그의 여섯째 딸인 고인은 1976년에 도미하여 자녀들과 함께 조용히 사셨다. 명문 가문에서 태어나 유복한 삶을 사셨지만, 생애 후반부는 버지니아 북부에 있는 작은 노인 아파트에서 지내셨다. 그분의 표정과 말투와 행동에서는 특유의 기품이 느껴졌다. 늘 겸손하며 소박하셨을 뿐 아니라 자신의 배경에 대해 말을 아끼셨다. 하나님을 향한 믿음이 깊어서 당신의 장례식에 대한 준비를 다 해 놓으셨고, 영생에 대한 믿음과 소망 안에서 평안히 떠나셨다. '호상'이라는 말에 딱 들어맞는 복된 죽음이었다.

오늘 우리는 권사님을 추모하며 하나님께 감사하는 예배로 모였습니다. 고인은 1918년생이시니 5년 모자라는 한 세기를 사신 것입니다. 또한 권사님은 한국 현대사에 빛나는 공헌을 하신 분의 따님이라는 점에서 특별한 생을 사셨습니다. 말년에도 효성 깊은 네 자녀의 사랑을 받으며 복된 인생을 사셨습니다. 손주가 10명이고 증손주가 11명이니, 옛날 우리 표현으로 '다복하다' 할 수 있습니다.

　권사님을 처음 뵈었을 때, 속으로 '저렇게 곱고 귀할 수 있을까?'라는 생각을 했습니다. 사람의 얼굴에서 풍기는 기품 중에 '귀티'만큼은 만들 수 없는 것이라고 합니다. 요즈음 표현으로 '귀티 난다'고 말하면 사치스러운 것을 말합니다만, 실은 타고난 품성과 양육된 교양이 합쳐져서 만들어 내는 품격을 말합니다.

　권사님의 눈동자를 마주보신 일이 있으신지요? 그 눈동자가 얼마나 깊어 보였는지요! 한참을 마주보고 있으면 그 깊은 눈동자에 빨려 들어갈 것 같았습니다. 그 깊음은 어디서 나옵니까? 권사님의 깊은 눈동자는 그 무엇도 서두르지 않고, 모든 것을 차분히, 한 번에 하나씩, 정성을 다해 섬기는 삶의 태도에서 비롯된 것입니다. 그것을 유교에서는 '경'(敬)이라 했습니다. 비슷한 영어를 찾자면 'mindfulness'라고 할 수 있습니다. 멀티태스킹 신화에 빠져 허둥대며 살아가는 현대인은 결코 흉내 낼 수 없을 것입니다. 요즈음 권사님처럼 깊은 눈동자를 보기란 것은 쉽지 않습니다. 현대인들의 눈동자는 끊임없이 흔들리고 움직입니다. 그 '참을 수 없는 얕음'이 우리 모두의 모습일 것입니다.

　권사님의 눈이 그렇게 깊었던 또 다른 이유가 있습니다. 바로 하나님을 향한 그분의 깊은 믿음 때문이었습니다. 그분의 마음과 영혼은 하나님께 깊이 뿌리내렸기에 흔들림이 없었습니다. 그래서 그분을 뵐 때면 평안의 기운을 느낄 수 있었습니다. 그분이 앉아 계시는 모습은 그림처럼 보였습니다. 조용, 평온, 침착, 고요 같은 말을 다 동원해야 합니다. 하지만 그분에게서 발산되는 평안의 기운은 매우 강렬했습니다. 밝게 웃으실 때 그 미소는 또 얼마나 아름다웠는지요!

권사님의 유머도 잊을 수 없습니다. 처음에는 권사님의 농담을 듣고 제 귀를 의심했습니다. 흡사 대왕대비마마처럼 생기신 분이 표정 하나 바꾸지 않고 농을 던지시니 그럴 수밖에 없었습니다. 교양 있고 기품 있는 사람은 대개 심각하지 않습니다. 상대방을 무장해제시킬 만큼 여유로운 품이 있습니다. 그래서 권사님을 뵙는 것이 늘 즐거웠습니다. 그분의 미소가 좋았고, 그분에게서 풍기는 기품이 좋았으며, 그분의 유머가 좋았습니다.

그런데 권사님은 오래전부터 당신의 죽음을 준비해 두고 계셨습니다. 그분이 사용하시던 성경책에 여러 장의 종이가 끼어 있었습니다. 알고 보니 당신의 죽음을 위해 써 놓으신 메모지입니다. 가장 오래된 것이 1996년 성탄절에 쓰신 것입니다. 그때부터 이미 준비하신 것으로 보입니다. 그 메모지에 권사님은 당신의 장례식에서 부를 찬송가 제목을 직접 적어 놓으셨습니다. 오늘은 그중 두 곡만 부릅니다만, 권사님이 적어 놓으신 다른 찬송가 제목들은 이렇습니다.

"고생과 수고가 다 지난 후"
"귀하신 주여 날 붙드사"
"너 근심 걱정 말아라"
"내 구주 예수를 더욱 사랑"

"주와 같이 길 가는 것"

"주 예수 내 맘에 들어와"

"주 예수보다 더 귀한 것 없네"

"예수는 나의 힘이요 내 생명 되시니"

이 찬송들은 모두 한 가지 주제로 요약됩니다. 바로 주님을 더 가까이 붙들려는 소망입니다. 주님이 나의 생명이고 주님보다 더 귀한 것 없으니 주님을 더 가까이 붙들겠다는 결단, 그렇게 살 때 아무 걱정 없다는 고백 그리고 그렇게 살아 영원한 하나님의 본향에 이르겠다는 소망이 이 모든 찬송에 담겨 있습니다. 이러한 찬송들을 통해 권사님의 믿음이 어떠했는지를 잘 알 수 있습니다.

권사님은 또한 당신이 좋아하는 말씀들을 메모지에 적어 찬송가 안에 꽂아 놓으셨습니다. 오늘의 말씀을 준비하면서 권사님이 적어 놓으신 성경 말씀들을 모두 찾아 읽어 보았습니다. 모두 스무 개의 말씀을 적어 놓으셨는데, 그 말씀 안에도 관통하는 주제가 있었습니다. 주님만이 소망이시니 주님 안에 뿌리내리고 살겠다는 고백입니다. 그 모든 말씀 중에서 권사님의 삶을 가장 잘 표현해 주는 말씀은 오늘 읽어 드린 예레미야 17장 7-8절이라고 느껴졌습니다.

그러나
주님을 믿고 의지하는 사람은

복을 받을 것이다.
그는 물가에 심은 나무와 같아서
뿌리를 개울가로 뻗으니,
잎이 언제나 푸르므로,
무더위가 닥쳐와도 걱정이 없고,
가뭄이 심해도 걱정이 없다.
그 나무는 언제나 열매를 맺는다.

권사님이 바로 이런 분이셨습니다. 물가에 심은 나무와 같아서 뿌리를 개울가로 뻗었습니다. 주님께 늘 뿌리를 내리고 사셨습니다. 그래서 잎이 언제나 푸르렀습니다. 언제나 열매를 맺었습니다. 평강의 잎사귀가 무성했고, 사랑의 열매가 늘 열려 있었습니다. 그래서 무더위가 닥쳐 와도 걱정하지 않으셨고, 가뭄이 심해도 걱정하지 않으셨습니다.

3주 전에 저는 이스라엘과 요르단 순례 여행을 떠날 계획이었습니다. 혹시나 순례 여정 중에 권사님이 하나님의 부름을 받으시면 어쩌나 싶어서 떠나기 전에 잠시 뵈러 갔습니다. 권사님의 표정은 고통으로 인해 일그러져 있었지만, 그 깊고 고요한 눈동자는 전과 같았습니다. "제가 돌아올 때까지 기다려 주세요" 하고 인사했더니, 그러겠다고 눈빛으로 대답해 주셨습니다 저는 권사님의 귀에 대고 "사랑합니다"라고 말씀드렸습니다.

권사님이 적어 놓으신 말씀들 중에 또 하나의 주제를 발견할 수 있습니다. 고린도후서 6장 8-10절이 그 예입니다. 바울 사도는 자신에 대해 말하면서 이렇게 고백했지요.

우리는 속이는 사람 같으나 진실하고,
이름 없는 사람 같으나 유명하고,
죽는 사람 같으나, 보십시오, 살아 있습니다.
징벌을 받는 사람 같으나 죽임을 당하는 데까지는 이르지 않고,
근심하는 사람 같으나 항상 기뻐하고,
가난한 사람 같으나 많은 사람을 부요하게 하고,
아무것도 가지지 않은 사람 같으나
모든 것을 가진 사람입니다.

저는 권사님의 말씀 목록 안에서 이 구절을 발견하고 많이 놀랐습니다. 오늘날 이 말씀을 좋아하는 사람들이 별로 없기 때문입니다. 세상적으로는 별 볼 일 없을지라도 하나님이 나를 아시고 내가 하나님을 아는 것으로 나는 만족한다는 고백이 요즈음 인기 있을 리 없습니다. 하나님의 능력으로 이 세상에서 유명해지고 부자 되기를 바라는 것이 요즈음 믿는 사람들이 바라는 것입니다. 그런데 권사님은 바울의 이 고백을 사랑하셨습니다.

생각해 보면, 권사님은 유명세와 권력과 돈을 추구하며 살았을 가능성이 누구보다 높은 분이셨습니다. 현대사에 권사님의 부친만큼 다

양한 이력과 업적을 쌓은 분이 별로 없습니다. 그러니 '내 아버지가 누구다!'라고 자랑하며 그렇게 인정받기를 구하고 유명해지기를 바랄 수도 있었습니다. 하지만 권사님은 그렇게 하시지 않았습니다. 제가 "아버님 이야기 좀 해 주세요"라고 청할 때마다 그저 웃음으로만 답하셨습니다. 바울 사도의 고백대로 권사님은 이름 없는 사람, 가난한 사람, 아무것도 가지지 않은 사람 같으셨습니다. 그렇지만 그분은 하나님에게 유명하셨고 항상 기뻐하셨고 많은 사람을 부요하게 하셨습니다. 이제 하나님의 품 안에서 권사님은 모든 것을 가진 사람으로 영원히 사실 것입니다.

그런 분이셨기에 당신의 장례식에 대해 미리 몇 가지 당부를 하셨습니다. 여러 사람들 모아 놓고 가족들이 나와서 내 어머니는 이랬다느니, 내 할머니는 저랬다느니 하지 말라고 일러두셨습니다. 고인을 위해 조사를 낭독하는 것은 결코 나쁘지 않습니다. 하지만 권사님은 그것마저도 필요 없다고 하셨습니다. 요즈음 유행하는, 고인의 모습을 담은 슬라이드 쇼도 하지 말라고 하셨습니다. 찬송만 많이 부르고, 조사 대신 음악으로 채우라고 하셨습니다. 가난한 마음, 자족하는 마음, 초연한 마음을 느낄 수 있게 해 주는 대목입니다.

권사님을 떠나보내며 슬퍼하시는 유가족에게 말씀드립니다. 이렇게 귀한 어머니, 할머니, 증조할머니를 두신 것을 감사하고 기뻐하시기 바랍니다. 권사님처럼 신실한 믿음의 사람을 조상으로 두었다는 것은 자랑할 만한 일입니다. 자랑할 뿐 아니라 권사님의 믿음과 인격과 삶을 이어받는 데 힘쓰시기 바랍니다. 이와 같이 귀한 정신은 끊임없이 이어져야 하고 또한 퍼져 나가야 합니다. 마음과 영혼의 뿌리를 멀리 뻗어 주님께 깊이 내리고 늘 주님과 함께 동행하십시오. 그리하여 여러분의 눈동자도 깊어지기를 바랍니다. 여러분의 얼굴에서도 평강의 기운이 퍼지기를 바랍니다. 거룩한 기품이 여러분에게서 풍기기를 바랍니다.

권사님을 추모하고 유가족을 위로하기 위해 모이신 조객 여러분, 권사님이 남기신 모습을 기억하면서 우리 자신에게 물어봅시다. 우리의 눈빛은 얼마나 깊은가요? 우리에게서 평강의 기운이 발산되고 있습니까? 사람들이 우리와 함께 있을 때, 푸근한 안식과 위로를 느낄까요? 우리는 무엇을 위해 힘쓰고 있습니까? 이 세상에서는 이름 없는 자 같으나 하나님 앞에서 유명한 자인 것에 만족하고 감사하고 있습니까? 인간적으로는 가난해도 하나님께 부요하기를 힘쓰고 있습니까? 가난한 마음, 자족하는 마음, 세상 것에 매이지 않는 초연한 마음이 우리에게 있습니까?

우리에게 이렇게 소중한 가르침을 주고 가신 권사님께 감사드립니다. 믿음의 삶이 어떤 것인지 표정으로 그리고 행동으로 보여 주고 가신 권사님께 감사드립니다. 그런 권사님을 우리 곁에 보내 주신 하나님께 깊이 감사드립니다.

4장

우리 곁의 성인

"만일 당신이 인생에서 겪는 모든 것을 하나님의 손에서 오는 것으로 받아들이며 죽음마저도 그분의 거룩한 뜻을 완성하는 것으로 품어 안는다면, 분명히 당신의 죽음은 성인의 그것을 닮을 것이다." —— 알폰소 리구오리, 18세기 이탈리아 신학자

주님, 이제 내가 교만한 마음을 버렸습니다.
오만한 길에서 돌아섰습니다.
너무 큰 것을 가지려고 나서지 않으며,
분에 넘치는 놀라운 일을 이루려고도 하지 않습니다.
오히려, 내 마음은 고요하고 평온합니다.
젖뗀 아이가 어머니 품에 안겨 있듯이,
내 영혼도 젖뗀 아이와 같습니다.
이스라엘아, 이제부터 영원히 오직 주님만을 의지하여라.
—— 시편 131:1-3

고인은 한국에서 목사로 섬기시다가 은퇴 후에 자녀들이 사는 미국으로 이민 오셨다. 나는 그분의 큰아들과 친구로 지냈기에 그분이 목사로서 어떠한 삶을 사셨는지를 잘 알고 있다. 일평생 믿음과 양심을 지키며 참되게 살려고 노력하셨다. 동기 목회자들이 대형 교회를 일구기 위해 동분서주하는 동안 그분은 방향을 잃지 않고 당신의 길을 묵묵히 걸어가셨다. 은퇴 후에도 한인 교회에서 일을 찾아 섬기셨으나 말년에 알츠하이머병을 얻으셔서 그마저 중단하셔야 했다. 병을 얻고 난 뒤 약 5년 동안 아내와 자녀들의 지극한 돌봄을 받고 사시다가 복되게 떠나셨다.

오늘 저는 아주 영광스러운 자리에 서 있습니다. 고인은 감리교회의 까마득한 선배 목사님이실 뿐 아니라 제 오랜 벗의 아버님이십니다. 우리의 전통적인 사고방식에서 자신의 장례식을 누구에게 맡긴다는 것은 **특별**한 신뢰의 표현이기에, 이 자리를 특별한 영예로 여깁니다. 제가 목사님을 처음 뵈었을 때를 떠올리니 더욱 그런 생각이 듭니다.

  큰아드님은 저의 고등학교 시절의 벗입니다. 그냥 고등학교 동창이 아니라 특별한 벗이었습니다. 공부는 저보다 그 친구가 월등히 잘했고 지칠 줄 모르는 체력으로 운동에도 뛰어났습니다. 제가 그 친구보다 그나마 나은 것은 외모밖에 없었습니다.

수줍음 때문에 제가 먼저 다가가지 못했는데, 그 친구가 저를 가까이 해 주었습니다. 좋아하는 정도로 따지자면 아마 제가 훨씬 더 많이 좋아했을 것입니다. 그 친구와 가까워진 가장 큰 계기는 같은 믿음을 가졌다는 점 때문이었던 것 같습니다. 저는 그 친구의 미소와 상대를 늘 편안하게 해 주는 마음 씀씀이가 좋았습니다. 그래서 절친한 친구가 되었고, 수십 년 후 이렇게 낯선 땅에서 함께 교회를 섬기고 있습니다. 일생에 만난 수많은 사람들 가운데 이렇게 오랫동안 함께 지내도록 허락된 것은 특별한 복이라고 생각합니다.

어느 날, 그 친구의 낡은 아파트에 가서 처음으로 아버님을 뵈었습니다. 그분은 당시 인천에 있는 학교의 교목이셨습니다. 꾸벅 인사를 드렸으나 아무 말씀 없이 인사를 받으시고는 당신의 방으로 들어갔습니다. 눈빛이 아주 매서웠고, 인상도 날카로워 보였습니다. 그래서 그분께 가까이 다가갈 엄두를 내지 못했습니다. 수십 년 후, 미국에서 다시 뵈었을 때, 그분은 여전히 말수가 적으셨고, 표정의 변화도 별로 없었습니다. 하지만 눈빛만큼은 언제나 빛이 났고, 마음속으로 무엇인가를 끊임없이 생각하고 계신 듯한 모습이었습니다.

목사님은 아들의 친구가 담임목사로 부임하는 것을 무척 좋아하셨고, 예배를 드리고 가실 때마다 마치 아들을 대하시듯 따뜻하게 손을 잡아 주셨습니다. 알츠하이머병이 그분의 기억을 조금씩 갉아먹으면서 그분은 어린아이처럼 되셨습니다. 사모님 손에 이끌려 예배를 드리고 가시는 목사님에게서 주일학교 어린이의 모습이 떠올랐습니다.

목사님은 16세에 늑막염을 앓으셨는데, 당시 여건이 좋지 못하여 치료를 제대로 받지 못하셔서 갈비뼈 두 개를 잃으셨습니다. 그 이후 40대에 이르기까지 건강 문제로 늘 고생하셨습니다. 오죽하면 사모님의 기도 제목이 "하나님, 내 남편이 은퇴목사가 되게 해 주세요"라는 것이었을까요! 목사님의 내성적인 성격으로 보나 건강 상태로 보나 목회는 전혀 어울리지 않아 보였는데, 한국전쟁 당시 공산군에게 죽창에 찔려 순교하신 어머님이 토굴 속에서 아들을 위해 기도하셨다는 이야기를 전해 듣고, 신학교에 입학하고 목사로 헌신하셨다고 합니다.

그분의 목회 일생의 절반은 일반 교구 목회요 나머지 절반은 교목으로서의 목회였습니다. 미국에 오신 다음에도 상담 목회와 이민 목회로 섬기셨고, 몇 년 전에는 우리 교회의 한국어권 청소년을 위해 자주 설교를 해 주셨습니다.

목사님의 삶을 묵상하는 동안 제게는 두 개의 성경 말씀이 떠올랐습니다. 첫째는 제가 좋아하는 시편 131편입니다.

주님, 이제 내가
교만한 마음을 버렸습니다.
오만한 길에서 돌아섰습니다.

너무 큰 것을 가지려고 나서지 않으며,
분에 넘치는 놀라운 일을
이루려고도 하지 않습니다.
오히려, 내 마음은 고요하고
평온합니다.
젖뗀 아이가 어머니 품에 안겨 있듯이,
내 영혼도 젖뗀 아이와 같습니다.
이스라엘아,
이제부터 영원히 오직 주님만을 의지하여라.

  요즈음 좋은 신앙은 큰 것을 꿈꾸고, 쉬지 않고 분투하며, 이름을 떨치고, 죽을 때까지 부산하게 사는 것이라는 오해가 널리 퍼져 있습니다. 하지만 시편 131편은 달리 말합니다. 좋은 신앙은 하나님 안에서 만족을 찾고 가난한 마음으로 조용히 그리고 차분히 자신에게 맡겨진 소명을 따라 사는 것이라고 말합니다.
  목사님의 일생은 젖뗀 아이처럼 하나님 안에서 만족하고 가난한 마음으로 겸손하게 작은 일에 충성하면서 부르심에 충실했던 삶이었습니다. 그분과 함께 신학을 공부하신 분들 가운데 세상에서 유명하다는 분들이 많지만, 목사님은 그런 것에 현혹되지 않고 묵묵히 당신의 길을 가셨습니다. 아는 분들은 아실 것입니다. 요즈음에는 그렇게 사는 것이 더 어렵다는 것을 말입니다. 그렇게 사심으로써 하나님 앞에 더 유명한 분이 되셨음을 저는 분명히 믿습니다.

목사님을 생각하는 동안 떠오른 또 하나의 말씀은 데살로니가전서 2장 19절입니다. 바울 사도는 데살로니가 교인들을 생각하면서 이렇게 말씀하십니다.

우리 주 예수께서 오실 때에, 그분 앞에서, 우리의 희망이나 기쁨이나 자랑할 면류관이 무엇이겠습니까? 그것은 여러분이 아니겠습니까? 여러분이야말로 우리의 영광이요 기쁨입니다.

어제 오후 영안실에서 차가운 양철 침대에 놓인 목사님의 시신 앞에서 기도하는 동안, 그분의 사역을 통해서 하나님을 알게 된 수많은 영혼이 떠올랐습니다. 특별히 20년 넘게 학원 목회를 하셨으니 얼마나 많은 어린 영혼들이 그분을 통해 주님을 알게 되었을까 그리고 그분의 돌보심을 통해 위로와 용기와 희망을 얻었을까 잠시 생각해 보았습니다. 그러다 보니 주님 앞에서 목사님의 면류관이 참으로 영광스러울 것이라는 생각이 들었습니다. 제 눈으로는 수척해진 모습의 차가운 시신을 보고 있었으나, 제 마음으로는 주님 앞에서 "잘하였도다, 착하고 충성된 종아. 네가 적은 일에 충성하였으매 내가 많은 것을 네게 맡기리니 네 주인의 즐거움에 참여할지어다"(마 25:21, 개역개정)라는 칭찬을 듣는 광경을 보고 있었습니다.

목사님, 당신은 참으로 성공한 인생을 사셨습니다. 연약한 육신을 이끌고 달려갈 길을 다 마치셨으니 말입니다. 당신의 인생을 '영혼을 낚는 어부'로 온전히 바치셨으니 말입니다. 그뿐 아니라 효성스럽고 훌륭한 세 아들과 손자 손녀들을 두셨으니 말입니다. 무엇보다도 당신은 지혜롭고 신실하고 든든한 아내를 만나셨으니, 참으로 행복한 삶을 사셨습니다. 요즈음 나이 일흔여덟이면 아까운 나이라고 생각하겠지만, 사모님의 기도대로 목사로서 부끄러운 모습을 보이지 않고 이렇게 아름다운 마무리를 하셨으니, 당신은 또한 복된 분입니다.

이제, 예수 그리스도의 재림의 날까지 목사님은 하나님의 품 안에서 편안히 쉬실 것입니다. 그리고 얼마 지나지 않아 우리도 같은 자리에 있게 될 것입니다. 남편을, 아버지를 혹은 할아버지를 잃고 마음 아파하는 가족들은 이 사실로 위로를 받으시기 바랍니다.

또한 이 자리에 모이신 조객들께서는 하나님의 위로와 은총이 유가족에게 함께하기를 기도해 주시기 바랍니다. 아울러 나의 인생은 하나님께 어떤 의미로 남을지 깊이 생각하시길 바랍니다. 세상적으로 유명하지만 하나님 앞에 무명하다면, 아무 소용없습니다. 세상적으로 부자이지만 하나님 앞에 빈털터리라면, 우리는 가장 불쌍한 사람입니다. 우리에게 아직 시간 있을 때, 우리의 삶을 영원한 것을 위해 드릴 수 있기를 기도합니다.

마지막으로, 목사님의 생애를 묵상하며 마음에 떠오른 생각을 시로 적어 보았습니다. 시라고 이름 붙이기에도 부끄러운 글이지만, 목사님을 존경하는 마음으로 바칩니다.

우리 곁의 성인

성인을 보고 싶은가?
유명한 사람, 잘 나가는 사람에게서
시선을 돌려라
화려한 곳, 높은 곳에서
시선을 낮추어라
성인은 그곳에 없다

드러나지 않는 사람,
드러내지 않는 사람,
평범해 보이는 사람,
그들 가운데
성인은 숨어 있다

그러니
성인을 보고 싶다면
시선을 바꾸어라
세속에 물들고
물질주의에 오염되고
성공주의에 병든 눈으로는

성인을 알아볼 수 없다

하늘의 이슬로
네 눈을 씻어라
네 눈을 덮고 있는
백태를 벗겨내라
그리하여
허수아비같이 허름한 모습으로
네 옆을 지나가는
성인을 찾으라
그 앞에 무릎을 꿇으라

그때 비로소 보이리라
어떤 길로 가야 하는지
무엇을 위해 살 것인지
인생을 통해 거둘 성공이 무엇인지

그리고 그때 비로소 얻으리라
그렇게 살고 싶은 거룩한 열정을

5장

죽음은 그 사람을 닮는다

"좋은 삶을 살기를 힘쓰라. 그러면 주님께서 좋은 죽음을 주실 것이다."
—— 수잔나 웨슬리, 존 웨슬리의 모친

하나님을 사랑하는 사람들,
곧 하나님의 뜻대로 부르심을 받은 사람들에게는,
모든 일이 서로 협력해서 선을 이룬다는 것을 우리는 압니다.
하나님께서는 미리 아신 사람들을 택하셔서,
자기 아들의 형상과 같은 모습이 되도록 미리 정하셨으니,
이것은 그 아들이 많은 형제 가운데서
맏아들이 되게 하시려는 것입니다.
그리하여 하나님께서는 이미 정하신 사람들을 부르시고,
또한 부르신 사람들을 의롭게 하시고,
의롭게 하신 사람들을 또한 영화롭게 하셨습니다.
—— 로마서 8:28-30

고인은 부인과의 관계가 좋지 않았다. 내가 고인을 만났을 때, 이미 헤어져 산 지 오래였다. 고인은 전형적인 한국 남자로 가족에게는 냉담하고 친구에게는 자상하셨다. 가족에게는 인색하고 친구에게는 다 주셨다. 예순이 넘어 홀로 교회를 찾으셨는데 이런저런 봉사를 하시다가 소리 없이 종적을 감추셨다. 아무에게도 자신을 열지 않고 조금만 상처를 받으면 사라지셨다. 그러다 얼마 후면 다시 나타나 예배도 드리고 봉사도 하셨다. 그러던 어느 해, 미국에서 지키는 '아버지날'에 웨스트버지니아에 다녀오다가 경찰에게 쫓기던 도주 차량과 충돌하여 그 자리에서 목숨을 잃으셨다. 갑작스럽고도 준비되지 않은 채 맞이한 매우 안타까운 죽음이었다.

오늘 우리는 인간의 말로는 도저히 설명할 수 없는 삶의 신비 앞에 서 있습니다. '신비'란 인간으로서는 이해하거나 설명할 수 없는 사건이나 사물을 가리킵니다. 숨을 쉴 수 없을 정도로 압도하는 아름다운 광경도 신비요, 갓 태어난 어린 아기의 존재도 신비입니다.

그렇게 감동스러운 신비도 있지만, 마음을 아리게 하는 신비도 있습니다. 지금 우리가 마주한 갑작스러운 죽음이 그렇습니다. 목사로서 저는 이 준비되지 않은 죽음 앞에서 무슨 말씀을 드려야 할지 알 수 없습니다. 슬픔에 빠져 있는 가족들도 마찬가지일 것입니다. 무슨 말을 들어야 마음이 위로를 받고 의문이 사라질 수 있겠습니까?

이런 갑작스러운 사고를 만날 때, 우리는 수많은 '만일…'(what if)이라는 질문에 시달립니다. 만일 그날 밤 웨스트버지니아에 가지 않았더라면…만일 그날 밤 5분만 늦게 혹은 5분만 일찍 떠났더라면…만일 경찰이 그 범인을 추적하지 않았더라면…만일…만일….

그러면서 우리는 하나님의 주권에 대해 질문합니다. 이것이 과연 하나님이 원하신 것일까? 아니면, 하나님의 뜻과 상관없이 일어난 우연한 사고인가? 우연한 사고였다면, 하나님은 왜 그런 사고가 일어나도록 내버려두셨는가? 하나님의 뜻이었다면, 왜 하나님은 그런 방법으로 그분을 데려가셨을까? 하나님이 허락하지 않으시면 참새 한 마리도 땅에 떨어지지 않는다고 하셨는데, 그렇다면 그날 밤의 그 사고는 하나님이 하신 일인가? 그렇다면 그 사고에 대해 정작 책임져야 할 사람은 하나님이 아닌가? 과연 그런 하나님을 믿어도 되는가? 그런 하나님을 우리는 사랑의 하나님, 정의의 하나님, 자비의 하나님이라고 부르는데, 그것은 과연 무슨 뜻인가?

이 모든 질문에 대해 제게는 정답이 없습니다. 제 능력이 부족하기 때문이기도 하지만, 우리가 마주한 것이 신비이기 때문입니다. 피조물인 우리 자신은 너무 작고, 우리가 마주한 문제는 너무 크기 때문에

다 알 수도 없고 다 설명할 수도 없습니다. 제가 좋아하는 기도문 중에 이런 것이 있습니다.

주님, 저를 인도하소서.
제 배는 너무 작고
바다는 너무 넓습니다.

집사님의 사고 소식을 접한 후 오늘까지, 그리고 오늘의 말씀을 준비하면서 묵상하는 동안, 저는 이 기도를 드린 가난한 어부와 같은 심정이었습니다. 때로 우리가 마주하는 문제는 우리의 이해 능력에 비해 너무 큽니다. 그렇기 때문에 할 말을 잃고, 의문에 압도되며, 때로는 하나님께 대한 믿음을 놓아 버리고 싶어지기도 합니다.

하지만 결국 우리는 그 모든 의문과 회의를 마음속에 남겨 두고 하나님 앞에 머리 숙입니다. 우리가 가진 배로 그분의 넓은 바다를 다 헤아릴 수 없음을 알기 때문입니다. 우리가 가진 두레박으로 그분의 깊은 우물에서 물을 다 퍼낼 수 없기 때문입니다. 그러기에 결국 그분께 머리를 숙이는 것이고, 그분 앞에 무릎 꿇는 것입니다. 우리가 아는 이 세상보다 더 큰 하나님의 나라를 믿기 때문이며, 우리가 아는 목숨보다 더 큰 생명이 있음을 믿기 때문입니다.

로마서 8장 28절에서 바울 사도는 이렇게 고백합니다.

하나님을 사랑하는 사람들,
곧 하나님의 뜻대로 부르심을 받은 사람들에게는,
모든 일이 서로 협력해서 선을 이룬다는 것을 우리는 압니다.

바울 사도는 극심한 고난 속에서 이렇게 말합니다. 만일 믿음이 깊을수록 고난에서 멀어지는 것이라면 혹은 하나님에 대한 헌신이 깊을수록 고난에 면역이 생기는 것이라면, 바울은 그 누구보다 고난 없이 살 자격이 있는 사람입니다. 하지만 그에게도 이해하지 못할 일들이 끊이지 않았습니다. 그는 그것을 머리로 이해하려고 하지 않았습니다. 오직 하나님의 선하심을 믿고 의지했을 따름입니다. 그가 아는 하나님의 이력 때문입니다. 고난 중에서도 흔들리지 않고 하나님께 의지했을 때, 하나님이 모든 것을 변화시켜 유익하게 만들어 주시는 것을 거듭 경험했기에 이렇게 고백한 것입니다. 그래서 또 다른 고난 앞에서도 하나님을 의지하고 견딜 수 있었습니다. 그 경험이 깊어질수록 하나님에 대한 믿음은 더욱 단단해졌습니다.

집사님의 갑작스러운 사고를 감당하게 하는 것은 이 믿음밖에 없습니다. 고난 중에서도 하나님을 믿고 의지하는 사람에게 결국 선한 일을 만들어 내시는 것을 경험한 믿음만이 이 자리에서 진실하게 예배드릴 수 있습니다. 그리고 눈에는 눈물이 가득하지만 마음에는 평안을 가지고 고별 의식을 감당할 수 있습니다.

어릴 적, 때로 아버지의 말씀이나 표정 또는 행동이 나를 사랑하지 않는 것처럼 보일 때가 없지 않았습니다. 하지만 그것은 나 자신만의 느낌일 뿐, 지나고 보니 그 모든 것이 사랑의 표현이었음을 깨달았습니다. 우리가 아직 영적으로 미숙하여 때로는 하나님의 처사가 냉정해 보이고 무심해 보이지만, 좀더 성숙하면 알게 될 것입니다. 그것도 사랑이라는 사실을 말입니다.

저에게 집사님은 베일에 싸인 인물이었습니다. 당신에 관한 이야기를 좀처럼 하지 않으셨습니다. 어느 순간 옆으로 다가오셨다가 제가 다가가려면 또 멀리 물러서셨습니다. 자세히 알지는 못하지만 그분은 참 외롭게 사셨던 것 같습니다. 하지만 하나님을 제대로 믿고 싶어 하셨고, 또한 다른 사람들에게 봉사하고 싶어 하셨습니다. 그렇게 세심하고 섬세하게 이웃을 살피는 분이시기에 상처도 쉽게 받으셨습니다. 상처를 받으시면 한참 소식이 없다가 또 때가 되면 스스로 추스르신 뒤 수줍은 미소를 띠고 나타나셨습니다. 그래서 옆에 있어도 가까이 다가가지 않았고, 잘 보이지 않아도 굳이 챙기지 않았습니다. 눈에 보이든 보이지 않든 언제나 근처에 계셔 줄 분으로 생각했습니다. 그런데 이렇게 준비도 없이 이별의 과정도 없이 갑자기 떠나가셨습니다.

목사로 살다 보면, 어쩔 수 없이 많은 죽음을 경험하게 됩니다. 그러면서 자주 확인하는 사실이 있습니다. 많은 경우에 죽음의 모습이 그 사람의 성품을 닮는다는 사실입니다. 물론 언제나 그런 것은 아닙니다. 하지만 상당히 많은 경우가 그렇습니다. 그 사람의 평소 인품과 그 사람의 죽음의 과정은 상당히 닮곤 합니다.

이번에도 예외는 아닌 것 같습니다. 고인이 그동안 살아온 모습이 이 죽음의 과정과 매우 닮았습니다. 아무에게도 폐를 끼치고 싶어 하지 않았고, 매사를 깔끔하게 정리하고 싶어 했던 그분의 평소의 모습과 매우 닮았다는 것입니다. 그래서 예부터 "잘 죽으려면 잘 살라"는 말을 했던 것 같습니다.

부디, 슬픔을 당한 가족들에게 하늘의 위로가 함께하기를 기도합니다. 집사님의 영혼은 하나님의 품에서 참된 안식을 누리실 것입니다. 더 이상 외롭지 않으실 것입니다. 그렇게 안식을 누리시다가 마지막 날에 모든 성도와 함께 부활하실 것입니다. 이제 남은 가족들은 고인을 하나님의 품에 맡기고 이 땅에서 주어진 삶에 충실해야 할 것입니다. 올해부터 두 아드님에게는 매년 아버지날이 특별한 날이 될 것입니다.

또한 그분을 가까이 하셨던 모든 친구와 교우들도 하늘의 위로를 받으시기를 바랍니다. 우리에게 남아 있는 날들이 값질 수 있도록 신실하게 사시기를 기도합니다. 우리의 죽음이 우리의 사는 모습을 닮으리라는 것을 기억하고 값지게 삽시다. 그렇게 사는 데 무엇보다도 중요한 것이 믿음임을 기억하시길 바랍니다. 주님의 은혜가 여러분 모두에게 함께하기를 기도합니다.

6장
하나님의 품은 넓다

"결국 따지고 보면, 인생이 우리에게 던지는 모든 질문들에 대한 대답은 죽음에 대해 우리가 어떤 생각을 가지고 있느냐에 의해 결정된다."
—— 다그 함마르셸드, 전 유엔 사무총장

실로, 나는 죄 중에 태어났고,
어머니의 태 속에 있을 때부터 죄인이었습니다.
마음속의 진실을 기뻐하시는 주님,
제 마음 깊은 곳에 주님의 지혜를 가르쳐 주셨습니다.
우슬초로 나를 정결케 해 주십시오.
내가 깨끗하게 될 것입니다. 나를 씻어 주십시오.
내가 눈보다 더 희게 될 것입니다.
기쁨과 즐거움의 소리를 들려주십시오.
주님께서 꺾으신 뼈들도, 기뻐하며 춤출 것입니다.
주님의 눈을 내 죄에서 돌리시고,
내 모든 죄악을 없애 주십시오.
—— 시편 51:5-9

고인은 84세에 갑작스러운 사고로 세상을 떠나셨다. 비 내리는 추운 겨울 날, 외출 전 우편함을 점검하고 돌아오는 길에 미끄러졌으나 즉시 일어나지 못하셨다. 바로 그때 주차장에서 차를 꺼내려고 후진하던 부인은 넘어져 있는 남편을 미처 발견하지 못하셨다. 결국 고인은 아내의 차에 깔렸고, 응급실로 후송되었으나 얼마 후 운명하셨다. 고인은 교회에 다니지 않으셨고, 부인만 천주교회에 다니고 계셨다. 고인의 아들 내외가 내가 섬기는 교회에 나오는데, 장례식을 해 줄 수 있겠느냐고 연락이 왔다. 어머니가 다니는 천주교회에서는 고인이 영세를 받지 않았기 때문에 장례미사를 할 수 없다고 거절했다는 것이다. 나는 아들 내외를 위한 목양 차원에서 장례식을 집전하기로 했다.

이 장례식은 두 가지 측면에서 어려웠다. 첫째는 "내가 남편을 죽게 했다"고 통곡하는 부인과 그 가족들을 위로해야 했기 때문이다. 어떤 말로도 위로할 수 없는 상황이었다. 자녀들은 아버지를 잃은 슬픔보다 어머니의 아픔 때문에 더 힘들어했다. 둘째는 고인이 믿는 분이 아니었기 때문이다. 이럴 경우, 천주교회처럼 장례 예배를 드려서는 안 된다고 생각하는 사람들이 많다. 하지만 나는 장례 예배를 드리기로 결정했다. 이럴 경우, 목사는 진실을 말해야 하는 책임과 슬픔을 당한 이들을 위로해야 하는 이중적 책임을 가지게 된다. 한마디 한마디를 고민해야 하는 매우 특별한 장례 예배였다.

오늘 우리는 지난 수요일 갑작스러운 사고로 우리 곁을 떠나신 고인을 추모하기 위해 이 자리에 모였습니다. 올해로 84세이시니 요즘 기준으로 평균 수명은 넘기셨지만, 너무도 갑작스럽고 참혹하게 떠나셨기에 고인을 사랑했던 분들에게는 큰 슬픔이요 충격이 아닐 수 없습니다.

저는 큰아드님과 며느님에게서 고인이 어떤 분이셨는지 상세히 들을 수 있었습니다. 고인은 젊은 시절에 학업을 중도에 포기하고 미군 부대에서 일하시다가 50세가 되어 이민을 오셨습니다. 요즈음이야 나이 오십은 젊다 할 수 있지만, 과거에는 새로운 일을 시작하기에는 너무 늦은 나이였습니다. 그 나이에 이민을 오셔서 새로 터전을 마련하고 두 아들을 교육시켜야 했으니, 그 초조함이 얼마나 컸겠습니까?

그래서 그랬는지 고인은 그때부터 매일 일기를 쓰셨다고 합니다. 미국에서 제대로 뿌리를 내리려면 정신을 바짝 차리고 살아야 한다고 생각하셨던 것 같습니다. 시시콜콜 작은 것까지 기록해 두시면서 자신의 생활을 바로잡으려고 애쓰셨습니다. 노후에 자식들에게 신세지지 않기 위해서 매사에 절약하면서 알뜰하게 사셨습니다.

큰며느님이 아버님의 유품을 정리하다가 일기를 들추어 보셨다고 합니다. 일기는 생전에는 본인에게 큰 도움이 되지만, 생을 마감한 뒤에는 자녀들에게 큰 유산이 되는 것 같습니다. 제 부친도 지금까지 40년이 넘도록 일기를 쓰고 계시는데, 돌아가시면 복사본을 만들어 네 아들이 각각 보관할 생각을 하고 있습니다. 며느님이 아버님의 일기를 들추어 보다가 콧날이 시큰한 대목이 있었다고 합니다.

고등학교 2학년 때 미국으로 온 아들이 피나는 고생을 하여 좋은 대학에 진학한 뒤 모두의 바람대로 의과대학원에 입학원서를 보냈습니다. 결과를 기다리는 동안 일기에 아버지의 간절한 마음을 적어 놓으셨다는 것입니다. (아무래도 남편 이야기니까 더 관심을 가졌겠지요.) 그렇게 기다리다가 어느 날 마침내 기다리던 입학 허가증이 왔다는 사실을 적으면서 큰 기쁨을 표현해 놓으셨다고 합니다.

기다리던 좋은 소식이 와서 아들을 축하해 주고 싶으셨답니다. 그래서 아들이 좋아하는 짜장면을 먹으러 가자고 했는데, 아내가 하는 말이 "그럴 돈이 어디 있어? 젊었을 때 한 푼이라도 아껴야지! 그냥 집에서 콩나물국이나 끓여 먹자"고 해서 그렇게 했다고, 일기에 기록되어 있었다고 합니다. 다른 것은 몰라도 절약하는 데는 부부가 같은 마음이었으니, 그럴 수 있었겠지요.

그렇지만 고인이나 부인이나 써야 할 데에는 아낌없이 쓰셨다고 합니다. 절약의 목적은 써야 할 때 잘 쓰기 위한 것이었습니다. 특히 자식들에게는 언제나 주시는 분이었습니다. 자식들이 경제적으로 안성되고 용돈을 넉넉히 드릴 수 있는 형편이 된 이후에도 두 분은 자식들에게 주기만 하셨습니다. 어쩌다 함께 외식을 하러 나가도 식사비는 늘 부모님이 내셨습니다. "너희들은 아직 젊으니, 젊을 때 한 푼이라도 아껴라" 하시면서 그렇게 하셨다는 것입니다.

이런 이야기들을 나누면서 중간중간에 울컥울컥하시는 아들과 며느리를 보면서 "참 잘 사신 분이구나" 싶었습니다. 자식들에게 사랑받고, 주변 사람들에게 선을 행하고, 자신의 삶에 성실한 것으로 자족하신 분이셨습니다. 일기에 보니, 어렵고 힘들 때마다 알지 못하는 신에게 자신을 위해 그리고 자식들을 위해 기도했다는 기록이 눈에 띄었다고 합니다. 비록 예수 그리스도의 복음을 받아들이지는 않았으나, 초월자를 믿고 의지하며 반듯하게 살려고 노력하신 분이셨습니다.

고인은 예수 그리스도를 믿지 않으셨습니다. 이런 경우에 장례 예배조차 드려서는 안 된다고 생각하는 분들이 간혹 계십니다. 예배는 오직 구원받은 사람들에게만 해당한다고 믿기 때문입니다. 하지만 저는 그럼에도 불구하고 믿는 사람들이 함께 모여 예배드릴 이유가 충분히 있다고 믿습니다. 우리가 결국 의지할 것은 하나님의 사랑이기 때문입니다. 저는 그 근거를 오늘 읽은 다윗의 회개 시편(51편)에서 발견합니다.

잘 아시는 대로, 다윗은 이스라엘의 두 번째 임금으로서 이스라엘을 당시 중동에서 가장 강력한 나라로 만들었습니다. 그는 승승장구했고 만사형통했습니다. 그렇게 세상의 가장 높은 자리에 섰을 때, 그는 충성스러운 장수 우리야의 아내가 목욕하는 것을 보고 음욕을 견디지 못하고 간음죄를 범합니다. 그러고는 그 죄를 덮으려고 전장에 나가 있는 우리야를 불러 아내와 동침하게 합니다.

하지만 우리야는 "전우들이 전장에 있는데 어찌 혼자만 즐길 수 있겠습니까?"라면서 궁궐에서 하룻밤을 지내고 전장으로 돌아갑니다. 다윗은 전장에 있던 요압 장군에게 기별을 하여 우리야를 가장 위험한 전투에 내보내어 죽게 하도록 지령을 내립니다. 다윗의 속셈대로 우리야는 전사했고, 얼마 후에 다윗은 밧세바를 아내로 맞이합니다. 완전 범죄가 이루어질 뻔했습니다.

그때 하나님은 예언자 나단을 보내어 다윗의 죄를 책망하십니다. 다윗은 아무도 모르게 범한 죄가 탄로나자 하나님 앞에 무릎을 꿇고 "내가 하나님 앞에 죄를 지었도다"라고 고백합니다. 그러고는 그 죄를 해결하기 위해 오랜 기도를 합니다. 그때 드렸던 기도가 오늘 읽은 시편 51편입니다.

전에는 몰랐는데 하나님 앞에 서고 보니, 다윗은 자신이 너무 큰 죄를 저질렀음을 알았습니다. 도무지 용서받을 수 없을 것 같았습니다. 이제는 하나님에게 영영 쫓겨나 저주받은 자로 살아갈 수밖에 없다고 생각했습니다. 세상 꼭대기에 서 있는 왕의 눈으로 볼 때는 밧세바를 범하고 우리야를 죽게 한 것은 사소한 일이라고 생각할 수도 있었습니다. 하지만 하나님 앞에서 보니 당장 벌을 받아 마땅한 끔찍한 죄였습니다. 그는 자신에 아무 희망도 없다고 생각했습니다. 다윗은 마침내 하나님 앞에 나와 기도합니다. 하나님의 사랑을 믿었기 때문입니다. 시편 51편 1절에 그 고백이 나와 있습니다.

하나님,
주님의 한결같은 사랑으로
내게 자비를 베풀어 주십시오.
주님의 크신 긍휼을 베푸시어
내 반역죄를 없애 주십시오.

다윗은 자신에게는 하나님의 자비와 사랑을 구할 아무런 자격이 없다고 느꼈습니다. 하지만 하나님은 사랑이 많은 분이시니, 그 사랑에 호소할 수는 있겠다 싶었습니다. 부모가 자식을 사랑하는 이유가 어디에 있습니까? 사랑할 만한 구석이 있으면 사랑하고 사랑할 만한 구석이 없으면 사랑하지 않는다면, 그 사람은 부모로서 자격이 부족한 사람이라 할 수 있습니다. 성숙한 부모라면 자식의 상태에 관계없이 부모이기에 사랑하는 것입니다. 자식은 아무리 자신에게 사랑받을 자격이 없다 해도 마지막 순간에 부모 품으로 돌아옵니다. 부모의 사랑을 믿기 때문입니다.

오늘, 저는 그 사랑을 믿고 이 자리에 서서 예배를 인도합니다. 비록 주님의 복음을 받아들이지는 않으셨지만, 하나님의 그 크신 사랑으로 고인의 영혼을 받아 주시기를 하나님께 구합니다. 고인도 하나님이 어떤 분인지 알았다면 받아들였을 것입니다. 그분은 '알지 못하고 믿던 신'이 바로 예수 그리스도의 아버지 하나님이신 것을 알지 못했습니다. 그것만 알았다면 예수 그리스도를 영접하셨을 것이고, 우리는 지금 아무런 의심 없이 고인의 영원한 생명을 축하했을 것입니다. 그래서 무척 아쉽지만, 우리는 감히 상상할 수 없이 크신 하나님의 사랑을 믿기에 기도하고 찬송합니다.

아울러 이 자리에 고인을 추모하고 유가족을 위로하러 모이신 이들에게 권면의 말씀을 드립니다. 저와 여러분은 언젠가 고인과 같은 자리에 눕게 될 것입니다. 그날에 대해 준비되어 있습니까?

그날을 미리 알 수 있는 사람은 아무도 없습니다. 지금 우리는 인도양에 추락해 사라져 버린 항공기 사건과 워싱턴 주에서 일어난 산사태로 인해 수많은 목숨이 한순간에 유명을 달리한 사건을 보고 있습니다. 우리의 생애가 언제 끝날지 아무도 모릅니다. 그러므로 지금 아직 시간 있을 때 그날을 준비하시기 바랍니다. 여러분의 장례식을 집례하는 목사가 확신을 가지고 영생을 말할 수 있게 준비하시기 바랍니다. 그렇게 죽음에 준비되어 있는 사람은 삶에 대해서도 더 잘 준비되어 살아갑니다.

갑작스러운 슬픔에 빠진 유가족에게 하늘의 위로가 함께하기를 기도합니다. 한순간에 홀로 남은 자매님, 부디 모든 일을 하나님의 섭리로 받아들이시기 바랍니다. 후회나 자책이나 심적 고통으로 남은 나날들을 보내지 마시기 바랍니다. 고인은 결코 그렇게 되기를 원치 않으실 것입니다. 참새 한 마리도 하나님의 허락 없이는 떨어지지 않는다고 했습니다. 그러니 '사고'였다고 생각하지 마시고, 때가 되어 하나님이 불러가셨다고 받아들이시기 바랍니다. 고인에게 치매가 시작되었다는 이야기를 들었습니다. 어찌 보면, 고인이 바라셨던 대로 깔끔하게 마무리를 하신 것일지도 모릅니다. 아마 "여보, 걱정 마. 아파하지 마. 당신이 나를 위해 좋은 일을 해 준 거야"라고 말씀하실지도 모릅니다. 주님이 성도님의 마음을 위로하시고 치유하시기를 기도합니다.

'아낌없이 주는 나무'처럼 퍼주는 아버님의 사랑을 먹고 든든히 자리 잡은 두 아드님 그리고 자녀들께 주님의 위로가 함께하기를 기도합니다. 어머님에게 남아 있는 나날이 행복과 기쁨이 가득한 나날이 될 수 있도록 효를 다하며 사시기 바랍니다. 또한 아버님이 그러셨던 것처럼 자신에게는 절약하고 이웃과 하나님 나라를 위해서는 후하게 나누는 거룩한 삶을 살아나가기를 기도합니다.

7장

소설보다 아프고 시보다 아린

"죽음을 경멸하는 것은 용기 있는 행동이다. 하지만 사는 것이 죽는 것보다 더 무려운 상황에서는 살아남는 것이 진정한 용기다." —— 토마스 브라우니, 17세기 영국 의사

그들이 먹고 있을 때에,
예수께서 빵을 들어서 축복하신 다음에,
떼어서 제자들에게 주시고 말씀하셨다.
"받아서 먹어라. 이것은 내 몸이다."
또 잔을 들어서 감사 기도를 드리신 다음에,
그들에게 주시고 말씀하셨다.
"모두 돌려가며 이 잔을 마셔라.
이것은 죄를 사하여 주려고 많은 사람을 위하여 흘리는 나의 피,
곧 언약의 피다. 내가 너희에게 말한다.
이제부터 내가 나의 아버지의 나라에서 너희와 함께
새 것을 마실 그날까지, 나는 포도나무 열매로 빚은 것을
절대로 마시지 않을 것이다."
—— 마태복음 26:26-29

고인은 한 사람이 당할 수 있는 고난의 최대치를 넘어선 듯한 '험한 인생'을 사셨다. 그분이 당한 고난의 사연은 이루 다 말할 수 없다. 그렇게 사시다가 미국에서 자리 잡은 의사 아들의 초청으로 늘그막에 이민을 오셨다. 미국에 와서는 손주들을 돌보는 재미로 사셨고, 손주들이 장성한 후에는 홀로 노인 아파트에서 사셨다. 마지막에는 당뇨로 인해 다리를 절단하고 고생하다가 하나님의 부름을 받으셨다. 고인은 마음에 쌓인 수많은 상처로 인해 주변 사람들과 종종 불화하는 모습을 보이셨다. 장례 예배에서는 그 문제를 이해시키는 데 마음을 썼다. 다행히 고인의 자녀들이 깊이 감사했고, 조객들 중 많은 이들이 고인을 새롭게 보게 되었다고 감사했다.

처음 집사님을 뵈었을 때의 인상이 기억납니다. 교회에 처음 부임하여 근처 노인 아파트에 사시는 교우들을 심방하면서 집사님을 처음 뵈었습니다. 누구든 한 번 뵈면 잊을 수 없는 강렬한 인상의 소유자였습니다. 작고 깡마른 체격에 거침없는 입담 그리고 아무도 신경 쓰지 않으시는 행동이 특별해 보였습니다. 제가 처음 뵈었을 때 87세이셨는데 당시에도 말과 행동이 얼마나 빠르고 힘찼는지 모릅니다. 돌아가시기 얼마 선까지도 그러셨습니다. 외모를 전혀 꾸미실 줄 몰랐고 옷도 되는 대로 입고 허리에는 넥타이나 옷감을 묶고 다니셨습니다. 인간적으로 보자면 참으로 초라한 행색으로 사셨습니다.

그런데도 그분은 그 누구 앞에서도 당당하게 사셨습니다. 생각하는 대로 말하고 행동하셨습니다. 세상 누구에게도 고개를 숙일 줄 모르셨습니다. 나중에야 알았지만 그러한 언행 때문에 같은 아파트에 사는 이웃들과 자주 불화를 겪으셨다고 합니다. 말하고 행동하는 것이 마치 세상의 정상에 서 있는 사람 같았기 때문입니다. 그 태도를 곱게 볼 사람은 별로 없었을 것입니다.

하지만 당신의 마음에 드는 사람에게는 쓸개라도 내줄 것처럼 좋아하셨습니다. 제가 갈 때마다 손자와 손녀를 자랑하셨습니다. 그들이 얼마나 본인을 끔찍하게 사랑하는지 모른다며 자랑하셨습니다. 저희 부부에게도 얼마나 잘하셨는지 모릅니다. 아무것도 해 드린 것이 없는데도, 목사라는 한 가지 이유만으로 반겨 주시고 좋아해 주시고 칭찬해 주셨습니다. 잠시 함께 있는 동안에도 여러 차례 "아, 목사님이 오시니 좋다! 좋아! 아, 좋다!"라고 말씀하셨습니다. 무엇이라도 먹이고 싶어서 냉장고 열고 닫기를 반복하셨습니다. 그렇게 좋아하시는데 더 많이 찾아뵙지 못해서 늘 죄송했습니다.

지난 화요일, 집사님이 곧 임종하실 것 같다는 소식을 듣고 황망히 요양원을 찾았을 때, 집사님은 가쁘고 거친 숨을 내쉬면서 침대에 누위 계셨습니다. 당뇨병으로 인해 다리 절단 수술을 받으시고 후유증으로 고생하셨기에 차마 보기 민망할 정도로 참혹한 모습이었습니다. 뼈에 가죽을 입혀 놓은 듯한 모습으로 살아 있는 미라를 보는 듯했습니다. 눈은 거의 감으신 채 가끔 팔을 들었다가 떨어뜨리셨습니다. 의식이 희미하기는 하지만 말씀은 알아들으시는 듯했습니다.

저는 아드님 부부와 함께 임종을 위한 예배를 드렸습니다. 집사님은 며칠 전 의식이 맑을 때, 다 준비되었다고, 하나님 품에 갈 준비가 되어 있다고 말씀하셨다고 합니다. 예배를 마치고 저는 "이제 마음 놓고 주님 품에 안기세요. 주님이 받아 주실 겁니다. 평안히 먼저 가세요"라고 말씀드렸습니다. 그리고 약 4시간 후 마치 기름을 다 태운 호롱불이 사그라지듯 천천히 그리고 차분히 숨이 잦아들다 마침내 멈추었습니다. 살아생전에 자주 찾아뵙지 못한 심적 부담이 매우 컸는데, 마지막 임종의 자리로 불러 주셔서 저를 위로해 주셨습니다. 그조차 못했다면, 저는 이 자리에 설 자격이 없다 싶어서 매우 괴로웠을 것입니다.

아드님이 며칠 전에 제게 봉투 하나를 전해 주셨습니다. 그 안에는 두 페이지로 된 글이 들어 있었습니다. 제목은 '어머니'였습니다. 아드님 부부는 4월 1일에 한 주가 넘는 여행을 떠날 예정이었습니다. 다른 사람들과 함께 가는 여행이었기에 취소할 수가 없어서 만약의 경우에는 급히 돌아오리라 마음먹고 강행하려 했습니다. 그러면서 혹시나 싶어서 어머니에 대한 글을 써서 저에게 전해 주신 것입니다. 하지만 출발 전날에 어머니 상태를 보시고는 바로 여행을 취소하셨습니다. 아니나 다를까 바로 다음 날 집사님은 운명하셨습니다. 직감으로 때를 아셨던 것입니다. 물론 그분이 의사였기에 그랬을 수도 있었겠지만, 저는 어머니에 대한 효심과 정성이 그때를 짐작하게 했다고 믿습니다.

집사님이 운명하셨다는 소식을 전해 듣고 저는 하던 일을 잠시 멈추고 앉아 아드님이 써 주신 글을 읽었습니다. 아, 소설보다도 더 아프고 시보다도 더 아린 삶의 이야기가 담겨 있었습니다. 97세의 인생을 두 페이지로 요약한 것이라 지극히 일부에 불과했지만, 집사님이 어떤 분인지를 짐작하기에는 충분했습니다. 또한 그분의 거침없는 언행과 사람들을 종종 당황하게 했던 도도함이 어디에서 비롯한 것인지를 알 수 있었습니다.

97년 전, 집사님은 전라도 해남, 땅끝 마을에서 태어났습니다. 나이 스물에 근처 마을의 김씨 댁으로 시집을 갑니다. 해방이 될 때까지 2남 1녀를 낳고 평범하게 살다가 해방 이후의 정치적 소용돌이에 애꿎게 휘말려 31세에 남편을 잃게 됩니다. 1948년 10월 '여수순천반란사건'이 일어났을 때 친척의 모함을 받아 남편이 빨갱이로 지목되어 총살당하신 것입니다. 아드님이 겨우 아홉 살이 되던 때였다고 합니다.

그 이후 집사님과 가족들이 당한 고난은 이루 다 열거할 수 없습니다. 집사님은 둘째 아들을 어려서 잃으셨고, 딸마저도 16세에 신장병으로 잃으셨습니다. 집사님은 아들 하나 바라보고 그 작은 몸으로 모진 풍상을 겪으며 살아남으셨습니다.

이야기를 읽고 나니 집사님의 유별난 언행이 이해되었습니다. 31세에 홀로 되어 자녀들을 키우시며 그 모진 풍랑과 싸우다 보니 투사가 되신 것입니다. 남편을 잃은 젊은 여성으로서 혹독한 세파와 맞서 싸우다 보니, 그 무엇에도 굴하지 않고 그 누구에게도 고개 숙이지 않는 도도함이 만들어진 것입니다. 끊임없이 몰려오는 거센 파도에 맞서 싸워 이기려면 강해지지 않으면 안 되었습니다. 그 싸움의 결과 육신에는 얼룩이 지고 상처가 났지만, 그의 정신은 강철같이 단단해졌습니다. 아무것도 가진 게 없었지만, 그분 안에는 자신감이 들어차 있었습니다. "내가 어떤 풍랑을 헤치고 여기까지 왔는지, 너희들이 알기나 해?"라는 자신감이 그분 안에 있었을 것 같습니다.

어머니의 유일한 삶의 이유였던 아드님은 이를 악물고 공부하여 의과대학을 졸업한 뒤 군 복무를 끝내고 1969년에 미국으로 이주했습니다. 그리고 두 해 후 1971년에 어머님을 미국으로 모셔왔습니다. 이제는 당신의 인생을 집요하게 붙들고 흔들던 환난과 영원히 이별하는가 싶었습니다. 10년 만에 작별한 남편과 일찍 가슴에 품은 두 자녀에 대한 한을 손주들을 돌보며 대신 채우며 살았습니다. 그런데 집사님의 손길로 고이고이 키워 장성한 손주가 예기치 않은 사고로 세상을 떠납니다. 안타깝게도 그때부터 세상만사 다 잊어버리려는 듯 점점 기억력을 잃어 가기 시작하셨습니다.

제가 찾아뵈었을 때 집사님은 늘 1.5리터짜리 콜라병을 옆에 두고 사셨습니다. 이미 당뇨병을 앓고 계셨기에 콜라가 좋지 않은데도 그것 없이는 못 산다고 하셨습니다. 이제야 그분이 콜라병을 안고 사신 이유를 이해할 것 같습니다. 눈에 넣어도 아프지 않을 손주를 잃고 되살아난 마음의 화를 다스리려면 그것밖에는 다른 방법이 없었습니다. 그 후로는 인생에 아무런 의미도 느낄 수 없어서 몸을 함부로 대하고 아무것이나 드셨는데도 97세를 채우셨으니 건강한 체질이셨던 것 같습니다.

집사님의 인생 이야기를 읽고 묵상을 하는데, 요양원에서 보았던 집사님의 앙상한 몰골이 선명하게 떠올랐습니다. 인간의 몸에서 빠져나갈 수 있는 것은 다 빠져나간 모습이었습니다. 그 몸에는 뼈와 가죽 밖에는 아무것도 남아 있지 않았습니다. 그 모습을 볼 때, 제 마음에는 "다 주고 가시는구나!"라는 생각이 들었습니다. 그러면서 오늘 말씀이 생각났습니다.

저는 그때 새벽기도회 말씀을 묵상하고 있었습니다. 그날 제가 묵상하고 있던 말씀이 바로 오늘 읽은 말씀, 즉 주님이 제자들과 함께 마지막 저녁 식사를 하신 이야기였습니다. 주님은 이제 곧 맞이할 십자가에서의 죽음을 생각하시면서 제자들에게 빵을 떼어 주시며 "이것은 내 몸이다. 이것을 받아서 먹어라"라고 말씀하셨고, 포도주를 건네주면서 "이것은 너희의 죄 사함을 위해 흘리는 내 피다"라고 말씀하셨습니다. 당신이 죽는 것은 그들에게 생명을 주기 위해서라는 뜻입니다. 주님은 그 말씀 그대로 십자가 위에서 당신의 모든 것을 내어 주셨습니다.

우리 어머니들이 대개 그렇지요. 당신 자신을 위해서는 아무것도 하지 않으시고 오직 가족과 자식들을 위해 모든 것을 주고 가십니다. 러시아 속담에 "하나님은 모든 곳에 계실 수 없어 어머니를 만드셨다"는 말이 있다고 합니다. 그러나 "하나님은 모든 곳에 계실 수 없어"라는 말은 맞지 않습니다. 하나님은 무소부재하신 분이기 때문입니다. 저는 이 말을 "하나님은 당신의 사랑을 더 친밀하게 경험하도록 어머니를 만드셨다"고 바꾸고 싶습니다. 어머니의 사랑은 하나님의 사랑을 가장 많이 닮았습니다. 집사님은 그렇게 자녀들에게 당신의 모든 것을 주신 분입니다. 그 사랑 때문에 미국 사회의 정상에 서서 활동하는 손주들이 영어 몇 마디 하지 못하는 할머니 앞에서는 껌뻑 죽는 것입니다. 그런 사랑을 아무나 줄 수 있는 것이 아니기 때문입니다.

저는 집사님의 이야기를 읽고 많이 부끄러웠습니다. 그렇게 엄청난 역사를 살아 내신 분임을 몰라뵈었기 때문입니다. 진작 알았더라면 더 많이 귀 기울이고 더 많이 위로해 드릴 수 있었을 것입니다. 동시에 저는 그분을 더욱 존경하게 되었습니다. 또한 어머님의 희망이 되기 위해 악전고투하며 인생을 살아오신 아드님 역시 더욱 존경하게 되었습니다. 어머니를 잃은 슬픔이 크지만, 하나님 사랑을 닮은 어머니를 두셨다는 사실 하나만으로 충분히 감사할 수 있을 것이라 믿습니다. 주님은 집사님을 품에 안으시고 "수고했다, 내 딸아! 이제는 내 품에서 평안히 쉬어라"라고 말씀하실 것입니다.

집사님을 추모하고 슬픔 당한 가족들을 위로하기 위해 모인 우리는 이 시간 소설보다 더 아프고 시보다 더 아린 삶의 여정 가운데 모든 것을 주고 떠난 거룩한 인생을 마주하고 있습니다. 이를 통해 우리의 남은 인생을 어떻게 보낼지 잠시 돌아볼 수 있기를 바랍니다. 오늘 읽은 말씀을 보면, 하나님은 주님의 인생을 취하여 축복하시고 쪼개어 나누어 주셨습니다. 그럼으로써 그분의 인생을 통해 우리가 생명을 얻습니다. 그렇다면 우리의 인생도 그렇게 주님 손에 들려 축복을 받고 쪼개져 다른 이들을 살리는 데 사용되어야 하겠습니다. 그렇게 다 주고 간다면, 외모는 비록 초라하고 남루해도 인생에 남은 사랑의 흔적으로 인해 아름답고 거룩할 것입니다. 주님의 은혜가 모든 이에게 함께하기를 간절히 기도합니다.

8장

죽음과 함께 살다

"사람은 스테인드 글래스 창문과 같다. 태양이 비치면 반짝이며 빛을 반사한다. 하지만 그 사람의 진가가 드러나는 것은 어둠이 내릴 때다. 감추어져 있던 그 사람의 내면의 색깔이 드러나는 것이다."
―― 엘리자베스 퀴블러 로스

그러나 나는 하나님의 은혜로 오늘의 내가 되었습니다.
나에게 베풀어 주신 하나님의 은혜는 헛되지 않았습니다.
나는 사도들 가운데 어느 누구보다도 더 열심히 일하였습니다.
그러나 이렇게 한 것은 내가 아니라,
나와 함께하신 하나님의 은혜입니다.
―― 고린도전서 15:10

고인은 50년 가까이 한 교회를 섬기면서 아름답고 거룩한 모습으로 사셨다. 남편과 함께 교회의 여러 가지 일들을 내 일처럼 여기며 어려움을 당한 교인들을 가족처럼 돌보셨다. 신앙의 덕이 육화된 보기 드문 인물이셨다. 고인은 68세에 담도암을 얻어 항암 치료를 시도했으나 전혀 효력이 없었다. 더 강한 항암 치료를 하든지 치료를 중단하고 죽음을 맞이하든지 둘 중 하나를 선택해야 하는 상황에서 고인은 치료를 중단하기로 결정하셨다. 당시에 의사들은 3개월을 못 넘길 것이라고 예측했으나 고인은 1년 6개월의 삶을 연장받았고 실로 그 시간을 충만하게 채우셨다. 마지막 순간까지 믿음의 빛을 선명하게 드러내고 떠나셨다.

오늘 우리는 지난 화요일에 주님 품에 안기신 장로님을 고별하기 위해 한자리에 모였습니다. 언젠가 누가 그러시더군요. "그 친구는 50년 동안 와싱톤의 여왕이었어!" 그분의 외모와 기품은 과연 여왕이란 칭호에 어울렸습니다.

그 말은 늘 반듯하고 우아한 모습을 유지하셨던 외모에 대한 칭찬이기도 했지만, 사실 제가 이 표현에 공감하는 이유는 그분의 내면 때문입니다. 장로님은 자신의 내면을 외모만큼이나 정갈하고 고결하게 지키려고 노력하셨습니다. 누구에게나 진실하려 하셨고 친절하셨습니다. 지난 9년 동안 가까이 지내 보아 제가 잘 압니다만, 장로님이 다른 사람에 대해 나쁘게 이야기하시는 것을 본 적이 없습니다. 모두들 나쁘게 생각하는 사람에 대해서조차 어떻게든 좋게 보고 좋게 말하려 하셨습니다. 그래서 그분의 주변에는 늘 좋은 기운과 기품이 느껴졌습니다. 과연 여왕이라 부르기에 부족함 없는 분이셨습니다.

저는 지난 화요일 컨퍼런스 참석 중에 장로님의 소천 소식을 들었습니다. 어제까지 컨퍼런스를 끝내고 오늘 아침에 교회를 오는데, 장로님이 더 이상 계시지 않는다고 생각하니 문득 교회가 낯설게 느껴졌습니다. 주일뿐 아니라 주중에도 자주 교회에 들러 기도도 하시고 상담도 하시고 목회자들을 돌아보셨던 까닭입니다. 우리 교회 안에서 장로님의 자리가 그리도 컸습니다.

그렇기에 그분이 계시지 않다고 생각하니 교회가 텅 비어 있을 것 같은 느낌이 들었습니다. 예배당 한쪽에 그림처럼 앉아 말씀을 경청하시던 그 모습을 더 이상 볼 수 없다 생각하니 마음 한편이 시려 왔습니다. 그 고운 미소와 부드러운 음성을 더 이상 보고 들을 수 없다고 생각하니 마음에 구멍이 뚫린 것처럼 허전해졌습니다. 제가 이러하다면, 하물며 자녀들은 어떻겠으며 50년 혹은 60년 우정을 나눈 친구들은 어떻겠습니까?

지난 컨퍼런스 일정으로 과로한 탓에 새벽기도회에 참석하지 못해서 교회에 도착하자마자 예배실로 왔습니다. 텅 빈 예배당에 앉아 기도를 드렸습니다. 장로님의 장례 절차를 놓고 기도하며 마음의 준비를 하고 있는데, 출근할 때 제 마음에 있던 쓸쓸함과 서운함과 허전함이 온 데 간 데 없었습니다.

"왜 이런 변화가 생겼나?" 하고 생각해 보았습니다. 아, 짚이는 것이 있었습니다. 비록 육신의 눈에는 장로님의 자리가 비어 있지만, 영적인 차원에서는 그렇지 않았기 때문이었습니다. 육신으로는 더 이상 그 미소를 볼 수 없고 그 음성을 들을 수 없지만, 장로님은 사라지신 것이 아니라 지금까지와는 다른 차원에서 여전히 우리와 함께 계시기 때문이었습니다. "이파리 하나가 나무에서 떨어질 때, 나무로서는 하나를 잃은 것이지만 숲 전체로서는 아무것도 잃은 것이 없다"는 말이 있습니다. 그렇습니다. 하나님 나라에 눈 뜨면 장로님은 여전히 우리와 함께 계십니다.

재작년 겨울, 장로님에게서 암이 발견되었다는 소식을 들었을 때 그리고 몇 주 후 항암 치료가 아무런 효과가 없다는 결과를 받았을 때, 우리 모두는 큰 충격을 받았습니다. 의사는 지금까지 받은 것보다 두 배 이상 강한 항암 치료를 받든지 치료를 중단하든지, 둘 중 한 가지 선택밖에 없다고 했습니다. 치료를 하지 않는다면 3개월 정도 생존할 것이고, 항암 치료를 하면 조금 더 생명을 늘릴 수는 있으나 내부분의 장기가 손상을 입을 것이라고 했습니다.

장로님은 깊은 기도 끝에 항암 치료를 받지 않고 나머지 시간을 충만하게 사는 쪽을 택하셨습니다. 그때, 가족과 친구들 그리고 교우들은 예상 밖의 너무나도 짧은 이별의 시간으로 인해 마음 아파했습니다. 다들 당황하면서 어쩔 줄 몰라 했습니다. 그런데 정작 본인 자신은 태연했고 당당했으며 평안했습니다.

그러고는 전과 다름없이 하루하루 최선을 다해 사셨습니다. "내일 당장 지구의 종말이 온다 해도 오늘 한 그루의 사과나무를 심겠다"고 스피노자가 말했다고 하지요. 그것은 가정 하에서 한 말입니다. 장로님은 가정이 아니라 실제 상황에서 정말 그렇게 사셨습니다. 하루하루 주어진 생명에 감사하고 축복하며 누리셨습니다. 예배뿐 아니라 성경 공부에도 나오셨고, 교우들을 돌보는 일에도 게으름이 없었습니다.

3개월을 넘기지 못할 것이라는 의사의 예측은 빗나갔고, 장로님은 1년 6개월의 시간 동안 충만하고 행복하게 사셨습니다. 가까운 사람들을 불러 70회 생신을 축하하기도 했고, 사랑하는 가족들과 부족함 없이 사랑을 나누셨습니다. 침대에 누워 계셔야 되기 직전까지 성경 공부에 나오셔서 교우들을 격려해 주셨습니다.

그것은 하나님이 장로님에게 덤으로 주신 은총이었습니다. 혹은 장로님의 믿음이 만들어 낸 기적이었습니다. 그렇게 지내시다가 병상에 누워 계시던 2개월 동안 장로님은 마치 양초가 다 타서 서서히 불꽃이 잦아들듯 그렇게 삶을 마무리하셨습니다. 요즈음 기준으로 70세는 이른 나이지만, 아무런 아쉬움 없이 감사하며 하나님의 부르심을 받아들이셨습니다. 가족과 교우들이 둘러선 가운데 임종 예배를 드리고 마지막 성찬을 받으신 후 닷새 동안의 긴 잠을 통해 하나님 품으로 옮겨가셨습니다.

지난 1년 반 동안 장로님은 죽음을 끌어안고 사셨습니다. 누구나 한 번은 죽는다는 것은 모두 알지만 죽음의 가능성을 매일 느끼며 사는 것은 아닙니다. 장로님은 죽음의 얼굴을 매일 대면하고 사셨습니다. 그래서 매일의 일상을 하나님의 값없는 선물로 받아 누리셨습니다. 오늘이 마지막일지 모른다는 생각으로 하루하루 거룩하고 신실하게 사셨던 것입니다.

누워 계시던 2개월 동안 장로님의 침상은 방문하는 모든 이에게 넉넉하고 따뜻한 어머니의 품과 같았습니다. 위로하러 갔던 사람들이 오히려 위로를 받고 돌아왔고, 근심과 염려의 마음으로 찾아갔던 사람들이 평안한 마음으로 돌아왔습니다. 시간이 지날수록 장로님의 얼굴은 수척하고 퀭해졌지만, 미소 짓는 얼굴은 그 어느 때보다 아름다웠습니다.

오늘 예배를 위해 저는 두 가지 성경 말씀을 읽었습니다. 하나는 고린도전서 15장의 말씀입니다. 장로님은 침상에 누워 지내시는 동안 "하나님의 은혜"라는 찬송을 듣고 싶어 하셨습니다. 가만히 누워 계시면 그 찬송이 귓가에 들리는 듯하다고 하셨습니다. 그래서 임종 예배에서도 우리 교회 찬양대 지휘자가 불러 드렸고, 조금 전에는 테너 솔로로 불렀습니다. 오늘 읽은 말씀 속에서 바울 사도는 자신의 지난 생애를 돌아보며 고백합니다.

그러나 나는 하나님의 은혜로 오늘의 내가 되었습니다. 나에게 베풀어 주신 하나님의 은혜는 헛되지 않았습니다. 나는 사도들 가운데 어느 누구보다도 더 열심히 일하였습니다. 그러나 이렇게 한 것은 내가 아니라, 나와 함께하신 하나님의 은혜입니다. (고전 15:10)

바울 사도는 부활하신 주님이 자신에게 나타나 변화시켜 주셔서 지금의 자신으로 만들어 주신 것에 대해 감사하며 이렇게 고백합니다. 나의 나 된 것은 다 하나님의 은혜라고 말입니다. 그에게는 그러한 은혜를 받을 만한 아무런 자격도 없었습니다. 그렇기 때문에 은혜입니다. 값없이 조건 없이 주어진 선물이기에 은혜입니다. 그런데 그 은혜가 바울을 변화시켰습니다. 그 은혜가 결코 헛되지 않았습니다. 그래서 그는 고난과 역경을 무릅쓰고 복음을 전하는 사도가 되었습니다. 그의 노력으로 된 것이 아니라 하나님의 은혜가 그를 그렇게 변화시킨 것입니다.

또 하나의 말씀은 빌립보서 1장의 말씀입니다. 이 편지를 쓸 때, 바울 사도는 로마에 있는 감옥에 갇혀 있었습니다. 언제 끌려 나가 사형 집행을 당할지 알지 못하는 상황에서 빌립보 교인들에게 편지를 쓴 것입니다. 이 점에서 본다면, 바울 사도는 지난 1년 반 동안 장로님이 처하셨던 것과 동일한 상황에 있었다 할 수 있습니다. 죽음을 끌어안고 산 것입니다. 매일 "오늘이 마지막 날일지 모른다"는 생각을 하고 살았습니다. 그래서 하루하루를 충만하고도 거룩하게 살도록 힘썼을 것입니다. 그런 상황에서 바울 사도는 이렇게 말합니다.

나의 간절한 기대와 희망은, 내가 아무 일에도 부끄러움을 당하지 않고 온전히 담대해져서, 살든지 죽든지, 전과 같이 지금도, 내 몸에서 그리스도께서 존귀함을 받으시리라는 것입니다. 나에게는, 사는 것이 그리스도이시니, 죽는 것도 유익합니다. (빌 1:20-21)

바울 사도의 삶의 목표는 오직 예수 그리스도가 드러나게 하는 것에 있었습니다. 그렇기 때문에 죽는 것도 유익이라고 믿었습니다. 죽는다는 것은 그리스도와 온전히 하나가 되는 것이라고 믿었기 때문입니다. 그의 목표는 어떻게든 살아남는 것이 아니었습니다. 어떻게든 건강하게 오래도록 잘 사는 것이 아니었습니다. 바울의 "간절한 기대와 희망"은 끝까지 어떤 환경에서라도 믿음을 지키는 것이었습니다. 그리고 자신의 삶을 통해 예수 그리스도가 높임받는 것이었습니다. 죽는 것을 통해 그 기대와 희망을 이룰 수 있다면 기꺼이 죽음의 길을 가겠다고 고백한 것입니다.

마지막 1년 반 동안 장로님은 그렇게 사셨습니다. 부활하신 주님이 당신을 만나 주신 것으로 충분했습니다. 그 은혜가 모든 것을 만족시켰습니다. 그리고 그 은혜는 장로님을 변화시켰습니다. 여왕의 기품이 장로님에게 깃든 것은 바로 그 은혜 때문이었고, 죽음을 품어 안고 살면서도 매일을 죽하하며 누릴 수 있었던 것도 그 은혜 때문이었으며, 죽음을 향해 가는 길을 아무런 두려움 없이 걸어간 것도 그 은혜의 힘이었습니다. 장로님은 죽음의 과정을 통해 당신이 받은 은혜가 헛되지 않았다는 사실을 드러내셨습니다.

알고 보면, 우리는 모두 하루하루를 받아 쓰는 사람들입니다. 그 누구에게도 내일은 보장되어 있지 않습니다. 우리 모두는 죽음을 등에 지고 삽니다. 어떤 이의 표현대로 태어나면서부터 우리는 죽음을 향해 걸어가는 존재들입니다. 과학 문명과 의학 문명은 어떻게든 죽음의 가능성을 멀리 옮겨 놓으려고 애쓰지만, 여전히 우리는 죽음의 문턱에서 살아갑니다. 문만 밀면 죽음의 세계가 우리에게 활짝 열립니다. 좋든 싫든, 준비가 되어 있든 그렇지 않든, 우리는 모두 죽음을 품어 안고 사는 존재들입니다.

예수 그리스도를 만나고 그분을 주님으로 모시고 산다는 말은 죽음을 새롭게 보고 품어 안는다는 뜻입니다. 예수 그리스도의 은혜를 입은 사람은 목숨보다 더 큰 생명에 눈 뜨고, 우주보다 더 큰 하나님 나라에 눈 뜹니다. 그렇기 때문에 죽음은 끝이 아니고 파멸도 아닙니다. 죽음은 상실도 아니고 손해도 아닙니다. 믿는 사람에게 죽음은 더 크고 영원한 생명으로 옮겨 가는 것입니다. 그렇기 때문에 죽음의 가능성을 멀리 밀어 둔 채 어떻게든 잊고 살아가려 하지 않고, 오히려 죽음을 품어 안고 하루하루를 마지막 날인 것처럼 살아갑니다. 지난 1년 반 동안 장로님은 그 삶의 방식을 우리에게 보여 주셨습니다. 언제 죽을지 모르는 상황에서 하루하루를 감사하게 받아 충만하게 사용하셨습니다. 그것은 믿는 사람이면 누구나 추구해야 할 삶의 방법입니다.

얼마 전, 장로님에게 아직 기력이 남아 있을 때 화려하셨던 젊은 시절에 대해 들려 달라고 부탁드렸습니다. 그랬더니 빙긋이 웃으시면서 "다 꿈입니다"라고 말씀하십니다. 그러면서 찬송가 490장을 불러 달라고 하셨습니다. 그 찬송가의 3절 가사가 이렇습니다.

세상 풍조는 나날이 바뀌어도 나는 내 믿음 지키리니
인생 살다가 죽음이 꿈같으나 오직 내 꿈은 참되리라
나의 놀라운 꿈 정녕 나 믿기는 장차 큰 은혜 받을 터니
나의 놀라운 꿈 정녕 이루어져 주님 얼굴을 뵈오리라

그렇습니다. 장로님은 70년의 긴 꿈을 꾸시고 참된 꿈으로 깨어나셨습니다. 70년 동안 이 세상에서 꿈을 꾸면서 주님의 얼굴을 뵙는 꿈을 꾸셨는데, 이제 그 꿈이 장로님에게 이루어졌습니다. 저와 여러분에게는 아직 이 땅에서 꾸어야 할 꿈이 남아 있습니다. 언젠가는 우리의 꿈도 끝날 것입니다. 그때, 장로님이 꾸셨던 꿈이 참된 꿈이었다는 사실을 알게 될 것입니다.

부디 저와 여러분 그리고 슬픔을 당한 유가족 모두가 장로님과 같은 은혜를 체험하고 또한 장로님과 같은 꿈을 꾸게 되기를 바랍니다. 그럴 때, 장로님은 우리 곁을 떠난 것이 아님을 그리고 장로님을 잃어버린 것이 아님을 알게 될 것이고, 마음 깊이 위로와 힘을 얻을 것입니다. 주님의 은총이 여러분 모두에게 함께하기를 기도합니다.

생전에 장로님은 장례 예배에 참석하고 가실 때면 자주 "목사님이

내 장례식에서는 뭐라 말씀하실지 궁금합니다"라고 말씀하시곤 했습니다. 그래서 아직 의식이 남아 있을 때 미리 설교문을 써서 읽어 드릴까 하는 생각도 했었습니다. 그런 기회가 주어지지는 않았지만, 지금 저의 이 말씀을 우리와는 다른 방식으로 들으실 것이라 믿습니다.

"장로님, 제가 장로님에 대해 제대로 말한 것 같습니까?"

9장
나그네 인생길

"짧은 잠을 자고 나면 우리는 영원한 생명으로 깨어난다. 그리고 죽음은 더 이상 없을 것이다. 죽음아, 너는 죽으리라!"
―― 존 던, 영국 시인

우리는 속이는 사람 같으나 진실하고,
이름 없는 사람 같으나 유명하고,
죽는 사람 같으나, 보십시오, 살아 있습니다.
징벌을 받는 사람 같으나 죽임을 당하는 데까지는 이르지 않고,
근심하는 사람 같으나 항상 기뻐하고,
가난한 사람 같으나 많은 사람을 부요하게 하고,
아무것도 가지지 않은 사람 같으나 모든 것을 가진 사람입니다.
—— 고린도후서 6:8하-10

고인은 1950년대에 미얀마에서 사업을 시작하여 거대한 부를 일구셨으나, 군사 쿠데타로 인해 정세가 급변하면서 모든 것을 남겨둔 채 몸만 빠져나오셨다. 그 이후 자리를 잡지 못하고 유랑하다가 뒤늦게 미국에 정착하셨고, 아내와 함께 작은 노인 아파트에서 사시다가 82세로 생을 마감하셨다. 고인은 젊음을 다 바쳐 일군 것을 하루아침에 잃은 경험 때문이었는지, 이 땅에 발을 딛고 있지만 이 땅에 완전히 속하지는 않은 것 같은 모습으로 사셨다.

얼마 전, 교회 어른들과 함께 버스를 타고 펜실베이니아를 다녀오는 길에 제게 노래할 기회가 주어졌습니다. 찬송가는 안 된다고 했습니다. 저는 잠시 무슨 노래를 할까 생각하다가 "하숙생"이라는 노래를 불렀습니다. "인생은 나그네길, 어디서 왔다가 어디로 가는가"로 시작하는 노래입니다. 저의 애창곡은 아니었지만, 함께 버스를 타고 가는 분들에게 알맞은 노래라고 생각했습니다. 제 노래가 끝나자 다음 차례인 분이 "제 애창곡은 목사님에게 빼앗겼습니다"라고 말씀하셨습니다. 알고 보니 "하숙생"이라는 노래를 좋아하는 분들이 적지 않았습니다.

제가 아는 어느 목사님은 이 노래를 찬송가에 넣어야 한다고 농반진반으로 말씀하셨습니다. 어릴 때 저는 라디오에서 흘러나오는 그 노래를 들으면서 "왜 저 노래의 제목이 하숙생일까?"라는 의문을 가졌습니다. '은유'가 무엇인지 몰랐기 때문이죠. 나중에서야 그 제목의 뜻을 알았습니다. 우리 인생이 마치 하숙생 같다는 뜻이었습니다. 저는 팝송을 잘 모릅니다만, 인생을 나그네길로 노래한 유명한 팝송이 여럿 있다는 것은 알고 있습니다.

'하숙생'이라는 노래를 찬송가에 넣어야 한다는 말씀에 저도 어느 정도 동감합니다. 성경의 여러 곳에서 인생을 나그네길에 비유하고 있기 때문입니다. 오늘 읽은 히브리서 11장이 대표적인 본문입니다. 히브리서 11장을 '믿음장'이라고 부릅니다. 저자는 성경에 나온 믿음의 위인들을 열거하면서 믿음으로 사는 것이 무엇인지를 설명합니다. 믿음으로 사는 것이 무엇입니까? 한마디로 요약하면 '나그네로 사는 것'입니다.

이 사람들은 모두 믿음을 따라 살다가 죽었습니다. 그들은 약속하신 것을 받지는 못했지만, 그것을 멀리서 바라보고 반겼으며, 땅에서는 길손과 나그네 신세임을 고백하였습니다. (13절)

그러나 사실은 그들은 더 좋은 곳을 동경하고 있었던 것입니다. 그것은 곧 하늘의 고향입니다. 그래서 하나님께서는 그들의 하나님이라고 불리는 것을 부끄러워하지 않으시고, 그들을 위하여 한 도시를 마련해 두셨습니다. (16절)

이 말씀에서 보듯 인간은 본질상 나그네입니다. 인간은 누구나 이 세상에 잠시 살다가 떠나갑니다. 시편 90편 10절에서 고백하듯 잘 살아야 80년이며 그것도 활시위를 떠난 화살처럼 빠르게 지나갑니다. 세상을 쥐락펴락하던 사람도 죽고 나면 흔적도 보이지 않습니다. 인생 수십 년이 꿈결만 같습니다.

인생의 본질이 나그네인 이유는 '영원한 고향'이 따로 있기 때문입니다. 어떤 사람은 이 사실을 인정하고, 어떤 사람은 인정하지 않습니다. 믿음이란 바로 이 사실을 인정하고 믿는 것입니다. 우리에게 '더 나은 고향'이 따로 있음을 믿고 바라고 소망하는 것입니다. 하숙생에게는 부모님이 기다리시는 고향집이 따로 있습니다. 때로 객지에서 맛보는 즐거움으로 인해 고향집을 잠시 잊기도 하지만, 그 마음은 언제나 고향집을 향해 있습니다. 믿는 사람들은 이렇게 늘 고향집을 생각하고 소망합니다.

이렇게 '더 나은 고향'을 생각하고 이 세상을 살아가는 사람은 이 세상에서 무한히 자유로울 수 있습니다. 언제든지 때가 되면 홀연히 떠날 수 있는 사람이 나그네입니다. 따라서 살림을 크게 늘리는 것은 어리석은 일입니다. 무슨 일을 하든지 떠날 때를 생각하고 결정합니다.

저도 객지 생활을 오래도록 해 보아서 압니다. 살림이 불어나면 움직이는 네 얼마나 불편한지 모릅니다. 이것저것 얽혀 있으면 떠나야 할 때 떠나지 못합니다.

하지만 믿는 사람들은 '무책임한 나그네'가 되지 않습니다. 믿는 사람은 이 땅에서 주어진 하숙 기간을 하나님이 주신 고귀한 선물이라고 생각합니다. 믿는 사람들은 하나님을 사랑하기에 하나님이 주신 선물을 귀하게 관리합니다. 그래서 이 땅에서 사는 동안 시간을 아껴 쓰면서 하나님의 뜻을 이루기 위해 노력합니다. 그렇게 이 땅에서 주어진 기간 동안 살다가 때가 되면 미련 없이 떠나는 것이 바로 믿는 사람의 마땅한 태도입니다. 바울 사도는 나그네 인생의 비밀을 이렇게 고백한 적이 있습니다.

우리는 속이는 사람 같으나 진실하고, 이름 없는 사람 같으나, 보십시오, 살아 있습니다. 징벌을 받는 사람 같으나 죽임을 당하는 데까지는 이르지 않고, 근심하는 사람 같으나 항상 기뻐하고, 가난한 사람 같으나 많은 사람을 부요하게 하고, 아무것도 가지지 않은 사람 같으나 모든 것을 가진 사람입니다. (고후 6:8-10)

오늘 우리가 잠시 작별하는 집사님은 우리 가운데 그 누구보다 더 나그네답게 사셨습니다. 집사님의 외모와 표정은 과연 나그네라 할 만했습니다. 늘 뭔가 생각하는 듯한 눈빛, 휘적휘적 걸으시는 빠른 발걸음 그리고 다른 사람은 보지 못하는 무엇인가를 보는 듯한 시선이 나그네의 풍모를 더 진하게 했습니다. 뿐만 아니라 일평생 한곳에 안주하지 않고 옮겨 다니며 사셨습니다. 한번은 이렇게 말씀하신 적도 있습니다. "이 세상에 안 살아 본 나라가 없습니다. 그렇게 다니면서 숱한 돈을 벌기도 했고, 원 없이 써 보기도 했습니다." 그분의 일생 전체가 말 그대로 나그네 인생길이었습니다.

아마도 집사님의 인생길에서 가장 큰 사건은 미얀마에서 10년 넘게 피땀 흘려 일구어 놓은 거대한 사업체와 재산을 모두 버려두고 급히 빠져나와야 했던 사건일 것입니다. 당시 그곳에서 집사님은 대통령 부럽지 않은 삶을 사셨다고 합니다. 손대는 사업마다 성공했고, 수많은 직원들을 먹여 살렸으며, 돈으로 할 수 있는 일은 모두 다 할 수 있으셨습니다. 세상에 두려울 것이 없었고, 이만하면 탄탄대로를 걷는다고 생각하셨습니다. 그러나 군사 쿠데타로 인해 정권이 바뀌면서 집사님은 모든 것을 버려두고 그곳을 떠나셔야만 했고, 한순간에 알몸만 남는 신세가 되셨습니다. 이 사건은 집사님의 세계관과 인생관을 송두리째 뒤집어 놓았을 것입니다.

집사님에게는 자녀가 없습니다. 한국식 정서로 보면, 자녀 없이 세상을 떠나면 대가 끊기는 것이고, 이 땅에 자신을 기억해 줄 사람이 하나도 없다 하여 아쉬워합니다. 집사님 부부에게도 처음에는 그 같은 아쉬움이 있었을 것이고, 그것이 큰 아픔이었을지 모르겠습니다. 지금 같은 때에도 자녀들이 있었다면 큰 위로와 힘이 되었을 것입니다. 하지만 그것도 사람이 하는 일이 아니니 자신의 분복을 받아들이는 수밖에 없습니다. 바로 그것이 집사님의 인생을 더욱더 나그네답게 만들어 주었습니다. 이 땅에서 수십 년을 살다가 아무런 미련 없이 아무것도 남기지 않고 떠나는 것이 나그네 인생입니다. 그런데 집사님은 혈육조차 남기지 않으셨습니다. 나그네 중 나그네입니다.

인간적인 관점에서 보면, 혈육을 남기는 것과 남기지 못하는 것 사이에 큰 차이가 있어 보입니다. 하지만 우리에게 약속되어 있는 '더 나은 고향'을 생각하면, 그것은 별 차이가 아닙니다. 80년 인생도 쏜살같은데 수십 명의 자녀를 남겨 두었다 한들, 또 다른 80년 후에는 과연 누가 나를 기억하겠습니까? 자녀를 남기든 안 남기든 결국 모든 인생은 이 땅에 잠시 있다가 떠나가는 하숙생입니다. 믿음의 눈으로 볼 때 중요한 것은, 이 땅에서 나를 기억해 주는 사람이 있느냐 없느냐가 아니라 '더 나은 고향'에서 나를 기억해 주는 사람이 있느냐 없느냐입니다.

하나님의 부르심을 받기 이틀 전, 집사님을 찾아뵈었습니다. 그때 잘 알아들을 수 없는 말씀을 하셨는데, 그중 제가 유일하게 알아들은 두 마디가 있습니다. 하나는 "아무런 여한이 없습니다"라는 말씀이었습니다. 올해 연세가 몇이냐는 질문에는 "여든둘입니다. 이젠, 죽을 때도 됐죠, 뭐!"라고 답하면서 웃으셨습니다. 제가 "주님 만날 준비는 되셨지요?"라고 여쭙자 "그러믄요!"라고 답하셨습니다. 기도를 드리고 작별 인사를 드렸더니 눈가로 눈물이 흘렀습니다. 그러고는 연신 고맙다는 인사를 하셨습니다. 안타깝고 애석하기는 했지만 왠지 모를 평안이

제 마음에 밀려왔습니다. 지금까지 사신 것처럼 이번에도 또 그렇게 나그네처럼 홀연히 미련 없이 휘적휘적 걸어서 주님께 가실 것 같은 느낌이 들었습니다.

 이 고별 예배를 위해 준비하는 동안 제게 떠오른 시가 있습니다. 많은 사람들이 좋아하는 천상병 시인의 "귀천"이라는 시입니다. 집사님의 모습과 삶을 생각하는데 천상병 시인의 모습과 그 시가 떠올랐습니다. 그러고 보니 집사님의 얼굴도 천상병 시인의 얼굴과 많이 닮았습니다. 얼굴 표정에서 느껴지는 정서가 비슷하다는 뜻입니다. 그 시를 읽어 드립니다.

귀천

나 하늘로 돌아가리라.
새벽빛 와 닿으면 스러지는
이슬 더불어 손에 손을 잡고,
나 하늘로 돌아가리라.
노을빛 함께 단 둘이서
기슭에서 놀다가 구름 손짓하면은,
나 하늘로 돌아가리라.
아름다운 이 세상 소풍 끝내는 날,
가서, 아름다웠더라고 말하리라.

집사님도 하나님 앞에서 이같이 말씀하실 겁니다. 82년 동인의 소풍이 참 즐거웠다고 말입니다. 그리고 '길동무'인 아내가 나머지 소풍길을 잘 마치고 오기를 기다리실 것입니다. 두 분이 함께 산 세월이 오래되어 홀로 남으신 부인은 남편의 부재가 매우 어색하고 생소하실 것입니다. 사랑하는 사람을 더 이상 보지 못하고 그 음성을 더 이상 들을 수 없다는 것이 때로는 견디기 힘든 고통이 될 것입니다. 부디 믿음 안에서 그 어려운 순간들을 이겨내시고 남아 있는 나그네길을 잘 걸어가실 수 있기를 간절히 기도드립니다.

이 자리에 모이신 조객들께 감사의 말씀과 함께 부탁을 드립니다. 부디, 오늘의 말씀과 집사님의 삶과 죽음을 묵상하면서 우리의 나그네 인생길에 대해 다시 한 번 깊이 자각하시길 바랍니다. 남아 있는 세월 동안 그 무엇에도 얽매이지 않을 자유와 우리에게 주어진 선물을 귀하게 여기는 마음으로 주어진 생에 충실하게 살아가시기를 간절히 기도합니다. 이 땅에서의 하숙 생활이 다 끝나는 날, 영원한 본향에서 자신을 발견하는 귀한 복이 저와 여러분에게 있기를 기원합니다.

10장
하늘이 무너지고 땅이 꺼질 때

"나는 아들을 잃은 적이 있는 같은 처지의 하나님을 믿는다."
── 허봉기 목사, 23세의 딸을 잃고

나의 하나님, 나의 하나님, 어찌하여 나를 버리십니까?
어찌하여 그리 멀리 계셔서, 살려 달라고 울부짖는
나의 간구를 듣지 아니하십니까?
나의 하나님, 온종일 불러도 대답하지 않으시고,
밤새도록 부르짖어도 모르는 체하십니다.
그러나 주님은 거룩하신 분, 이스라엘의 찬양을 받으실 분이십니다.
우리 조상이 주님을 믿었습니다. 그들은 믿었고,
주님께서는 그들을 구해 주셨습니다.
주님께 부르짖었으므로, 그들은 구원을 받았습니다.
주님을 믿었으므로, 그들은 수치를 당하지 않았습니다.

—— 시편 22:1-5

어느 집사님으로부터 다른 지역에 사는 둘째 딸의 해산이 가까워서 몇 주 간 예배에 오실 수 없다는 메일을 받았다. 며칠 후 그분에게서 믿을 수 없는 소식이 왔다. 딸이 분만실에 들어갔다가 시신이 되어 나왔다는 것이다. 분만실에 들어갈 때만 해도 웃으며 인사를 했는데, 그것이 영원한 이별이 되었다. 둘째 아들을 낳고 통제할 수 없는 출혈이 발생했기 때문이다.

그 집사님 부부는 한 생명을 내어 주고 한 생명을 받아 안으셨다. 산모의 나이 이제 겨우 35세. 삼남매를 둔 집사님 가정은 유별나게 가족애가 두터웠고 행복했다. 둘째 딸은 아이들을 좋아하여 중학교 상담 교사로 일하고 있었다. 너무도 이른 죽음, 준비 안 된 이별 그리고 감당하기 어려운 고통의 무게로 인해 가장 힘겨웠던 장례식 중 하나였다. 이런 상황에서 무엇인가를 설명하려는 노력이 오히려 더 상처를 깊게 한다는 것을 알기에 개인적 심정을 나누고 말씀을 읽고 기도하는 것으로 위로의 말씀을 대신했다.

오늘 우리는 도무지 이해할 수 없는 사고 앞에 비통한 마음으로 모여 있습니다. 제가 어릴 적에는 이런 일이 자주 있었습니다. 어린 아기들이 죽는 것도 흔했고, 청소년이나 청년들도 연탄가스 중독 혹은 다른 사고로 목숨을 잃는 일이 다반사였습니다. 초등학교 시절, 이웃집에 새로 태어난 아이가 죽었다는 말을 듣고 어머니를 따라 그 집에 간 적이 있습니다. 방에 누인 아기 위에 포대기가 덮여 있었고 그 어머니는 꺼이꺼이 목놓아 울었습니다. 제가 처음으로 죽음을 목격한 순간이었습니다. 그때는 죽음이 참 가깝고도 흔했습니다. 아기를 낳다가 죽는 일도 많았고, 태어나다가 죽는 일도 적지 않았습니다.

하지만 오늘날 의료 기술이 가장 발전한 미국 땅에서, 그것도 가장 앞서가는 도시 한복판에서 이런 어처구니없는 일이 일어났다는 것이 도무지 믿기지 않습니다. 부정하고 외면하고 싶은 현실입니다. 목사의 심정이 이러한데 하물며 부모의 심정은 어떨 것이며, 형제자매의 심정은 어떻겠습니까? 끝을 알 수 없는 깊고 어두운 수렁 속에 빠져 있는 심정일 것입니다.

딸을 잃은 부모님은 작년 이맘때 대형 교통사고를 당했습니다. 부상이 너무 심하여 헬리콥터까지 동원되어 병원에 옮겨졌습니다. 부인 집사님은 몇 주간의 치료와 재활로 회복되셨지만 남편 집사님은 온몸이 산산이 깨어졌습니다. 죽음의 고비를 간신히 넘기고 여러 번의 수술과 피를 말리는 재활의 고통을 거쳐 1년 만에 완치 판정을 받으셨습니다. 주치의로부터 완치 판정을 받고 저희 부부를 불러 감사의 만찬을 나눈 것이 불과 한 주 전입니다. 그런데 하나의 불행으로부터 돌아서자마자 인간에게 닥칠 수 있는 가장 큰, 또 다른 불행이 습격한 것입니다.

이 소식을 들은 다음 날 새벽에 강단에 앉아 기도를 올리는데 갑자기 통곡이 솟구쳐 올랐습니다. 아직도 예배실에는 기도하는 교우들이 많았기 때문에 통곡을 제어하려 했지만 그렇게 되지 않았습니다. 얼마간 참다가 그대로 내버려 두었습니다. 한참 동안 심하게 통곡했습니다. 그동안 목회를 해 오면서 교우들의 문제로 인해 눈물 흘린 적은 여러 번 있었습니다만 이처럼 통곡하기는 처음이었습니다. 딸을 가진 아버지의 마음에 공감했기 때문일까요? 그날도 그리고 그 다음 날도 저는 집사님 가정을 두고 중보하며 통곡했습니다. 그것밖에는 달리 할 일이 없었습니다.

목사는 자주 하나님의 대변자나 변호자가 되도록 요구당합니다. 이해할 수 없는 일이 일어날 때 사람들은 목사에게 하나님을 대변하여 설명해 주기를 기대합니다. 하나님의 처사에 대해 분노가 일어날 때마다 목사는 그 분노를 하나님 대신 받아야 합니다. 참 의미 있는 일입니다. 보람도 있습니다. 하나님을 대신하여 모욕을 당하는 것은 목사로서는 큰 영예입니다. 또한 이해할 수 없는 일 앞에서 하나님의 섭리를 묵상하고 그것을 나누는 일도 큰 의미가 있습니다.

하지만 이번 사건처럼 이해 불가한 사건 앞에 설 때면 목사는 정말 괴롭습니다. 목사 자신도 하나님을 대변하고 변호할 수 없기 때문입니다. 목사 자신에게도 대답 없는 질문이 꼬리를 물고 일어나는데 어떻게 대변하거나 변호할 수가 있겠습니까?

이럴 때면 솔직히 목사 노릇을 하고 싶지 않습니다. 피하고 싶습니다. 도망가고 싶습니다. 인간이 만들어 낸 모든 단어가 무의미해지는 상황에서 도대체 무슨 말을 하라는 겁니까? 그래서 괴로웠습니다. 고통스러웠습니다. 그러던 중 페이스북에 이렇게 넋두리를 늘어놓았습니다.

아, 하나님
저보고 어쩌라고 이러십니까?
왜 자꾸 저를 이런 상황에 세우십니까?
저도 이해할 수 없는 상황에서
저보고 하나님을 변호하라 하시면,
저는 어떡하란 말씀입니까?

1년 전
교통사고로 인해
죽음의 손아귀에 붙잡혀 있던 그들을
하나님이 빼내어 주셨던 것 아닌가요?
1년 동안 고통스러운 수술과 재활을 통해
완치 판정을 받고 감사와 찬양을 드린 것이 언제인데
하나님은 귀를 막고 계셨나요?
그 찬양과 감사가 입에서 떨어지기도 전에
해산의 자리에 있던 그 딸을 데려가신 이유가 무엇입니까?

하나님이 데려가신 것이 아니라면
그런 일이 일어나도록 허락하신 이유가 무엇입니까?
끝내 누군가를 데려가셔야 했나요?

하나님이 하신 일을
이제 제가 변호해야 합니다.
하지만 저는 할 말이 없습니다.
그들 앞에 고개를 들 면목도 없습니다.
이런 상황에 세우실 때마다
마음 다해 아파하고
머리를 짜내어 변호해 왔지만,
이제는 지쳤습니다.
그만하고 싶습니다.
더 이상 못하겠습니다.

그러니
알아서 하십시오.
저는 아무 말 못합니다.
저는 아무것도 하지 않을 것입니다.
그들이 이 일로 인해 하나님을 등진다 해도
저는 모르겠습니다.

하나님이 알아서 하십시오.
알아서 하십시오.
하나님이.

그렇습니다. 저는 정말 이 일에 대해 할 말이 없습니다. 그리고 저는 이 일에 대해 아무 일도 하지 않을 것입니다. 그럴 마음이었습니다. 이 자리에 서서 "저는 드릴 말씀이 없습니다"라고 말하고 내려가려 했습니다. 그 다음 날도 눈물로 기도하면서 "저는 아무것도 할 수 없습니다. 하나님이 알아서 하십시오"라고 버티다가 지쳐서 쉬고 있는데, 문득 마음에 깨달음으로 오는 음성이 있었습니다.

나보고 알아서 하라고?
언제는 네가 했느냐?
네가 한 일이 무엇이었더냐?
걱정하지 말아라.
내가 한다.
그 전에도 그랬고
앞으로도 그럴 것이다.
그러니 이번에도 내가 알아서 할 것이다.
너는
깨어진 마음을 싸매 주고

같이 아파하면 된다.

나머지는 내가 알아서 한다.

이 말씀 앞에서 저는 입을 다물었습니다. 그리고 알았다고, 잠잠하겠다고, 주님이 하시는 일을 보겠다고, 깨달음을 주셔서 감사하다고 말씀드렸습니다.

그래서 오늘 저는 더 이상 말하지 않을 것입니다. 인간이 만든 모든 단어들이 껍데기가 되어 버리는 이 상황에서 무슨 말을 하겠습니까? 오늘 읽어 드린 시편 22편에서 몇 구절을 다시 읽어 드리고 기도하는 것으로 위로의 말씀을 대신하겠습니다.

시편 22편은 우리 주님이 십자가 위에서 드린 기도로 유명합니다. 십자가에 달려 물과 피를 다 쏟으시고 죽음의 문턱에 당도했던 주님은 고개를 들어 "엘리 엘리 라마 사박다니"라고 외치셨습니다. 그것은 시편 22편의 첫 구절에 나오는 호소입니다. 이 시편은 다윗이 하나님으로부터 버림당한 것 같은 상황에서 쓴 것입니다. 아주 긴 시편인데, 그중 몇 구절을 뽑아 읽어 드리겠습니다.

나의 하나님, 나의 하나님, 어찌하여 나를 버리십니까? 어찌하여 그리 멀리 계셔서, 살려 달라고 울부짖는 나의 간구를 듣지 아니하십니까? 나의 하나님, 온종일 불러도 대답하지 않으시고, 밤새도록 부르짖어도 모르는 체하십니다. (1-2절)

나를 멀리하지 말아 주십시오. 재난이 가까이 닥쳐왔으나, 나를 도와줄 사람이 없습니다. 황소 떼가 나를 둘러쌌습니다. 바산의 힘센 소들이 이 몸을 에워쌌습니다. 으르렁대며 찢어발기는 사자처럼 입을 벌리고 나에게 달려듭니다. 나는 쏟아진 물처럼 기운이 빠져 버렸고 뼈마디가 모두 어그러졌습니다. 나의 마음이 촛불처럼 녹아내려, 절망에 빠졌습니다. 나의 입은 옹기처럼 말라 버렸고, 나의 혀는 입천장에 붙어 있으니, 주님께서 나를 완전히 매장되도록 내버려 두셨기 때문입니다. (11-15절)

그러나 나의 주님, 멀리하지 말아 주십시오. 나의 힘이신 주님, 어서 빨리 나를 도와주십시오. (19절)

인간의 말이 힘을 잃을지라도 주님의 말씀은 여전히 살아 있습니다. 부디 이 말씀을 통해 위로를 받고 길을 찾으실 수 있기 바랍니다. 이제 함께 기도하겠습니다. 조금 긴 기도를 드릴 테니 마음을 다해 참여해 주시기 바랍니다.

오, 나의 하나님, 이처럼 헤아릴 수 없는 깊은 고통의 시간에 저는 할 말을 찾을 수 없습니다. 기도드리기 위해 머리를 숙였지만, 저희는 여전히 혼란스럽습니다. 당신의 사랑하는 딸에게 그리고 그 가족에게 일어난 일로 저희는 큰 충격에 휩싸여 있습니다. 하나님이 이렇게 하신 것은 아니지만, 일이 이렇게 되도록 허락하신 것은 사실입니다. 왜 그러셨는지 이해할 수 없습니다. 새 생명이 태어나는 기쁨의 시간이 참혹한 고통과 절망의 시간으로 변하기까지 그냥 두신 처사를 이해할 수 없습니다.

하나님이 모든 것을 다스리신다고 믿어 왔는데, 이 깊은 고통과 슬픔의 사건 앞에서 저희는 혼란스럽습니다. 예수께서 십자가 위에서 "나의 하나님, 나의 하나님, 왜 나를 버리셨나이까?"라고 외치신 것처럼, 저희도 그렇게 외치고 있습니다.

그렇습니다. 저희는 혼란스럽습니다. 할 말을 잃었습니다. 하지만 저희가 의지할 분은 오직 하나님밖에 없고, 부를 이름은 오직 주님의 이름밖에 없습니다. 지금으로서는 주님의 처사를 이해할 수 없지만, 주님만이 우리의 유일한 하나님이십니다.

그래서 구합니다. 저희로 하여금 주님을 붙들게 하셔서 이 비극을 받아들일 힘을 얻게 하여 주옵소서. 주님은 우리가 다 알 수 없는 크신 분이며, 주님은 언제나 우리에게 좋은 것을 주시는 분임을 믿습니다. 또한 하나님은 "나의 하나님, 나의 하나님, 어찌하여 나를 버리셨습니까?"라고 부르짖으신 주님을 사흘 후에 죽은 자들 가운데서 일으키셨습니다. 그래서 주님의 이름을 부릅니다. 주님이 가장 필요할 때 주님을 등지지 않게 하옵소서.

사랑하는 딸이 지금 주님의 품에 있어 영원한 복락을 누리고 있음을 믿게 하여 주옵소서. 주님이 저희 마음을 만져 주시지 않으면 그것조차도 믿어지지 않습니다. 그것을 믿음으로 한 조각의 위로를 삼게 하옵소서.

이른 죽음으로 인해 깨어진 마음들을 위해 기도드립니다. 어머니, 아버지, 남편, 언니, 동생, 두 아들…. 인간의 말로는 그들의 영혼에 아무런 위로가 되지 않는다는 것을 압니다. 우리의 희망은 오직 하나님께 있습니다. 주님의 성령을 그들에게 부어 주옵소서. 그리하면 그들이 이 사망의 음침한 골짜기를 통과해 낼 것입니다.

유가족의 슬픔을 나누기 위해 이 자리에 모여 있는 이들을 위해 기도합니다. 주님의 은혜를 부어 주옵소서. 우리의 마지막이 이렇듯 갑작스러울 수 있음을 알고 늘 깨어 있어 마지막에 준비된 삶을 살게 하옵소서. 이 모든 말씀을 주님의 이름으로 기도드립니다. 아멘.

11장
생애 마지막 눈물

"죽음, 그것은 조국 땅에서 인정받지 못하는 예언자와 같고 동족에게서 이방인 취급 받는 시인과 같다."
—— 칼릴 지브란

시간이 되어서, 예수께서 자리에 앉으시니,
사도들도 그와 함께 앉았다. 예수께서 그들에게 말씀하셨다.
"내가 고난을 당하기 전에, 너희와 함께 이 유월절 음식을 먹기를
참으로 간절히 바랐다. 내가 너희에게 말한다.
유월절이 하나님의 나라에서 이루어질 때까지,
나는 다시는 유월절 음식을 먹지 않을 것이다."
그리고 잔을 받아서 감사를 드리신 다음에 말씀하셨다.
"이것을 받아서 함께 나누어 마셔라. 내가 너희에게 말한다.
나는 이제부터 하나님의 나라가 올 때까지,
포도나무 열매에서 난 것을 절대로 마시지 않을 것이다."
예수께서는 또 빵을 들어서 감사를 드리신 다음에,
떼어서 그들에게 주시고 말씀하셨다.
"이것은 너희를 위하여 주는 내 몸이다.
이것을 행하여 나를 기억하여라."
—— 누가복음 22:14-19

고인은 뇌종양으로 3년 동안 투병하시다 70세에 하나님의 부름을 받으셨다. 뛰어난 성적 덕분에 부모님의 바람대로 법대에 진학했지만 적성에 맞지 않았다. 공학도인 형의 책을 읽으며 외도를 하다가 결국 그 길로 들어섰고 미국에 와서 유수한 회사를 다니며 아메리칸 드림을 이루셨다. 중년 이후 아내를 따라 교회에 다니셨으나 명석한 두뇌, 해박한 지식 그리고 치밀한 논리로 무장되어 믿음의 길에서 별로 진보하지 못하셨다. 예배보다는 일거리를 찾아 봉사하는 데서 의미를 찾으셨다. 다행히 투병 기간 동안에 논리로 거부했던 믿음을 마음으로 받아들이셨고, 감동적인 임종 예배를 드리고 하나님 품에 안기셨다.

오늘 우리는 고인을 기억하고 그분의 생애를 축복하고 하나님의 품에 안기신 것을 감사하는 예배로 모였습니다. 집사님에게서 뇌종양이 처음 발견되었을 때 가족과 교우들은 모두 당황했습니다. 집사님에게 생긴 뇌종양은 수술이 불가능하고 방사선으로만 치료가 가능한데, 완치는 어렵고 진행 속도만 늦출 수 있다는 소식 때문이었습니다. 방사선 치료를 하더라도 오랜 기간의 생존은 보장할 수 없다고 의사들은 말했습니다.

불행 중 다행으로 집사님은 의사들의 예상보다 오래 견디셨습니다. 그로 인해 가족들의 고통은 연장되었지만 충분한 이별 연습을 할 수 있었습니다. 집사님의 부인이신 장로님은 언제 끝날지 모르는 간병을 하루하루 이겨내셨습니다. 때로는 힘겹기도 했고 지쳐 넘어질 때도 있었지만, 믿음으로 힘을 얻어 다시 일어나시곤 했습니다. 한번은 장로님이 그러시더군요. "내가 그래도 꽤 강한 사람이라고 생각했는데, 이렇게 연약한 존재인 줄 미처 몰랐어요."

얼마 전에 문병을 갔더니 침상 곁에서 남편의 손을 잡고 책을 읽고 계셨습니다. 책의 제목을 보니 『춤추시는 하나님』(두란노)이라고 되어 있었습니다. 헨리 나우웬(Henri Nouwen)이 쓴 책을 멀리 있는 지인이 보내 주었다고 하셨습니다. 그 상황에서 그 제목은 참 모순되어 보였습니다. 장로님과 집사님은 점점 죄어 오는 죽음의 그림자로 인해 사방으로 결박당한 상태에 계셨습니다. 그런 상황을 생각하면 위르겐 몰트만(Jürgen Moltmann)의 『십자가에 달리신 하나님』(Der Gekreuzigte Gott, 한국신학연구소) 같은 책이 더 어울렸을 것입니다.

그 책의 원제목을 직역하면 "당신의 슬픔을 춤으로 바꾸라: 고통의 시간에 희망 찾기"(Turn Your Mourning Into Dancing: Finding Hope in Hard Times)입니다. 헨리 나우웬은 하나님을 '춤추시는 분'(the Dancer)으로 정의하고, 고통과 슬픔의 시간에 하나님을 발견하고 그분과 함께 춤을 추라고 권면합니다. 한 단락을 인용합니다.

슬픔은 우리를 가난하게 만듭니다. 우리가 얼마나 작은지를 강력하게 상기시킵니다. 하지만 춤추시는 하나님께서 우리를 일으켜 세워 첫걸음을 내딛게 하시는 것은 바로 이 지점입니다. 고통, 가난 혹은 어색함으로 인해 넘어지는 곳 말입니다. 예수님은 고난 없는 곳에서가 아니라 고난 안에서 우리의 슬픔 안으로 들어오시어 우리의 손을 잡아 부드럽게 일으켜 주십니다. 그리고 함께 춤추기를 청하십니다. 시편 저자가 "주님께서는 내 통곡을 기쁨의 춤으로 바꾸어 주셨습니다"(시 30:11상)라고 고백한 것처럼 우리는 기도의 길을 발견합니다. 우리의 슬픔 그 중심에서 우리는 하나님의 은총을 발견하기 때문입니다. (저자 사역)

그렇게 어려운 기간을 믿음으로 견뎌내시고 이곳까지 오셨습니다. 잘 하셨습니다. 지금까지 지켜 주신 주님이 앞으로 지켜 주실 줄 믿습니다. 마음의 준비가 충분히 된 줄 알았는데 막상 떠나보내고 나니 전혀 준비가 되지 않았음을 깨닫는다고 하십니다. 하지만 지금까지 지켜 주신 주님이 앞으로도 지켜 주실 것입니다. 지금까지 버티신 장로님의 믿음이 앞으로도 버텨내는 힘이 되어 줄 것입니다.

고인을 생각하면 가장 먼저 떠오르는 이미지가 있습니다. 늘 턱을 조금 앞으로 내밀고 다니셨습니다. 다른 사람보다 턱이 약간 더 긴 얼굴로 항상 고개가 10도 정도 뒤로 젖혀져 있었습니다. 그래서 턱이 더

길고 뾰족해 보였습니다. 집사님은 또한 항상 미소를 짓고 다니셨습니다. 작은 눈은 하회탈의 눈처럼 늘 휘어져 있었고 입꼬리는 아래로 쳐져 있었습니다. 보통은 웃을 때 입꼬리가 올라가는데, 집사님은 웃으실 때 입꼬리가 내려갔습니다.

집사님은 명석한 두뇌와 해박한 지식의 소유자였습니다. 과거에는 성적이 좋으면 무조건 의대나 법대에 진학해야 한다고 믿었습니다. 그런 연유로 법대에 진학한 집사님은 주로 공대에 다니는 형의 책을 읽으며 대학 4년을 보내셨다고 합니다. 아버지의 명령에 따라 법대에 들어가기는 했지만 적성에는 공학이 더 맞았던 것입니다. 졸업 후의 진로도 예상과 달랐습니다. 미국으로 이민 오신 후로도 집사님은 법조인이 아니라 엔지니어로 사셨습니다.

그럼에도 집사님은 신학과 철학 분야에 관심이 많으셔서 그 분야의 전문 서적들을 오랫동안 섭렵하셨습니다. 미국에서의 직장 생활은 여가 활동을 할 수 있는 시간적 여유가 넉넉하다는 장점이 있지요. 집사님은 그 시간에 많은 책을 읽으셨고, 서부에 사실 때는 신학자와 철학자들과 교류하며 토론까지 하셨다고 합니다. 저는 집사님이 거론하는 신학자와 철학자들의 이름을 들으며 깜짝 놀랐습니다. 웬만한 신학생보다 책을 더 많이 읽으셨고, 신학적인 주제들에 대해 상당히 깊은 연구와 고민을 하셨음을 알 수 있었습니다.

그제야 저는 왜 그분의 얼굴이 뒤로 젖혀져 있었는지를 알 수 있었습니다. 누군가의 이야기를 들을 때면 그분의 머릿속에서는 그것에 대한 열띤 토론이 진행되고 있었던 것입니다. 집사님은 끊임없이 생각하는 분이셨습니다. 설교를 들어도 그렇고, 성경 공부를 해도 그렇고, 일상적인 대화를 나누어도 그렇습니다. 약간 고개를 뒤로 젖히고는 자신이 듣고 있는 내용을 신속하게 정리하고 소화하셨습니다. 머리 안에서 컴퓨터 엔진이 돌아가듯 무언가가 돌아가고 있음을 느낄 수 있었습니다.

그런가 하면 집사님은 늘 유머를 잃지 않으셨습니다. 젊었을 때는 다른 사람과 논쟁하기를 즐기셨다는데, 나이가 들어서는 좀처럼 논쟁을 하지 않으셨습니다. 다른 사람이 틀렸다거나 자신이 옳다거나 하며 싸우지 않으셨습니다. 늘 빙긋이 웃으면서 자신의 내면에서 소화하는 것으로 만족하셨습니다. 그래서 저는 자주 궁금했습니다. "저분이 지금 무슨 생각을 하고 계실까?" 그래서 여쭈어 보면 속마음을 말씀하지 않고는 재미있는 말로 무장해제시키곤 하셨습니다.

만 3년 동안 투병하는 과정에서도 늘 유머와 미소를 잃지 않으셨습니다. 불면증으로 힘겨워하실 때도 있었고, 홀로 병실에 누워 계시는 밤이면 외로움도 타셨습니다. 이런저런 약물 치료로 인해서 우울해질 때도 많으셨습니다. 하지만 목회자들이 찾아갈 때마다 유머로 반겨 주셨습니다. 때로는 누가 누구를 위로하는지 착각이 들 정도로 찾아오는 사람들을 즐겁게 해 주셨습니다.

또한 집사님은 다른 사람을 돕는 일에 언제나 민첩하셨습니다. 암이 발병하기 전까지 교회 방송실에서 봉사하셨고, 그 외에도 교회와 이웃을 돕는 일이라면 서슴없이 팔을 걷어붙이셨습니다. 은퇴 후에 부인이 여선교회 일로 인해 동분서주할 때에도 조용히 그림자처럼 따라다니면서 궂은일을 도맡아 하셨습니다. 그러면서도 본인이 드러나는 것은 싫어하시며 말없이 섬기셨습니다.

집사님의 해박한 지식과 명석한 두뇌는 고백적 신앙을 가지는 데 장애물이 되었습니다. 탁월한 사람들이 흔히 그렇듯 집사님도 당신의 논리에 부합되지 않으면 그 무엇도 받아들이지 못하는 분이셨습니다. 당신 자신에게 정직하고 싶어 하셨습니다. 안 믿어지는 것을 억지로 믿는 척하는 것은 집사님에게는 상상도 할 수 없는 일이었습니다. 그래서 그분은 늘 구도자 혹은 회의자처럼 보이셨습니다.

그것이 부인에게는 늘 근심거리였습니다. 믿음이라는 것이 때로는 어린아이처럼 순진하게 받아들이기도 해야 하는 것인데, 철저한 논리로 항상 점검하셨으니 말입니다. 영적인 진리는 믿음으로써 앎에 이르는 것인데, 먼저 알아야만 믿을 수 있다고 생각하셨으니 말입니다. 아마도 집사님 자신도 그 패턴을 깨뜨려 보려고 노력하셨을 것입니다. 하지만 어릴 때부터 그렇게 단련이 되었기에 본인도 어쩔 수 없으셨을 것입니다.

그러다가 원치 않는 질병을 얻으셨습니다. 어렵고도 힘겨운 투병 과정을 시작하면서 아내이신 장로님은 육신의 질병을 고칠 수 없다면 그 질병을 통해 고백적인 믿음에 이르는 선물이라도 주시기를 간구하셨습니다. 저에게도 여러 번 그런 바람을 드러내셨습니다. 워낙 속에 있는 생각을 말씀하시지 않으니 그분이 무엇을 믿고 무엇을 못 믿는지 다른 사람은 도통 알 수가 없었습니다. 그래서 장로님과 그분을 사랑하는 모든 사람들은 집사님이 예수 그리스도를 주님으로 고백하고 그분의 보혈의 공로를 받아들여 하나님의 자녀로 회복되기만을 기도했습니다.

지난 주 화요일, 모든 의료 기기를 떼고 임종을 기다리기로 해서 아직 의식 있을 때 임종 예배를 드리면 좋겠다고 연락이 왔습니다. 도착하니 가족과 친구 그리고 가까운 교회 식구들이 모여 있었습니다.

집사님은 침상에 비스듬히 누워 눈을 질끈 감고 계셨습니다. 의식은 있는데 이틀째 눈을 감고 있다고 했습니다. 장로님이 남편을 흔들며 예배를 드릴 테니 눈 좀 떠 보라고 하셨습니다. 그러자 기다렸다는 듯이 눈을 번쩍 뜨셨습니다. 그러고는 방 안에 모인 사람들을 천천히 둘러보셨습니다. 그리고 다시 눈동자가 멎었습니다. 집사님은 그대로 눈을 뜨고 허공을 쳐다보고 계셨는데, 천천히 집사님의 눈에 눈물이 차올라 비스듬히 기울어진 눈길을 타고 눈물 한 방울이 흘러내렸습니다.

저희는 집사님을 둘러싸고 찬송을 부르고 기도를 드렸습니다. 말씀을 읽고 성찬을 나누었습니다. 집사님은 지난 3주간 아무것도 드시지 못했습니다. 교우들에게 성찬을 나누어 드린 다음 집사님에게 다가갔습니다. 장로님은 "못 드실 테니 입술에 적시기만 해 달라"고 하셨습니다. 하지만 포도즙에 적신 빵을 입에 가져다 대자 집사님은 입을 크게 벌려 받으신 후 만족스럽게 씹어 드셨습니다.

아, 그 모습이 모인 이들에게는 기적처럼 보였습니다. 짐작컨대 집사님도 진실한 믿음으로 그 성찬을 받으셨을 것입니다. 지상에서 마지막으로 먹는 음식이 성찬이 되었습니다. 생애 마지막 순간에 받는 성찬이 얼마나 특별했을까요? 그 순간에 저는 오늘 읽어 드린 누가복음의 말씀을 떠올렸습니다. 주님은 제자들과 함께 마지막 만찬을 드시기 전에 이렇게 말씀하십니다.

내가 고난을 당하기 전에, 너희와 함께 이 유월절 음식을 먹기를 참으로 간절히 바랐다. 내가 너희에게 말한다. 유월절이 하나님의 나라에서 이루어질 때까지, 나는 다시는 유월절 음식을 먹지 않을 것이다. (15-16절)

하나님의 신비로운 손길이 움직이는 것을 목도하면서 임종 예배를 드렸습니다. 그리고 지난 3년 동안 침상에서 고통의 시간을 지내면서 집사님의 마음과 영혼에 어떤 변화가 일어났는지를 확인할 수 있었습니다. 입을 활짝 벌려 성찬을 받아 맛있게 드시는 그 모습을 통해 그리고 저희가 부르는 찬송을 우물거리며 따라 부르시는 모습을 통해, 주님이 그를 구원받을 만한 믿음으로 새롭게 빚어 주신 것을 확인할 수 있었습니다.

그리하여 오늘 우리는 이렇게 슬픔 속에서도 기쁨으로, 절망 속에서도 희망으로, 상실감 속에서도 신비감으로 예배를 드립니다. 과연 주님은 신비로우신 분입니다. 과연 인생은 아름답습니다. 이 모든 일로 인해 주님께 영광을 올립니다.

임종 예배를 드린 후로 집사님이 흘리신 눈물 한 방울이 제 마음에 맴돌았습니다. 그래서 그 눈물을 주제로 집사님께 올리는 글을 적어 보았습니다. 이 '헌시'로 위로의 말씀을 대신하겠습니다.

마지막 눈물

임종의 자리
그는 침상에 옆으로 누워
눈을 질끈 감고 있다

임종 예배를 위해
아내가 그를 흔들어 깨운다
그는 아무 일 없었다는 듯
이틀 동안 감고 있던 눈을 뜬다
충혈된 눈을 돌려
둘러선 사람들을 돌아본다

눈동자는 다시금 정지되고
눈에는 물이 차오른다
차오른 눈물은
옆으로 기운 눈길을 따라
주르르
흘러내린다

마지막 눈물 한 방울
그것은
그의 고백이다

한 번의 생에 대한,
받아 누린 사랑에 대한,
한평생 잘 살아낸 것에 대한,
마지막까지 완주한 것에 대한
감사의 눈물이다

더 같이 있지 못하는 것에 대한,
더 사랑하지 못한 것에 대한,
다 이루지 못한 꿈에 대한,
아쉬움
그리고 회한의 눈물이다
회개의 눈물이다

그 눈물은
거룩한 제단에 올려진
값진 제물이다
순결한 제물이다

12장

대박 인생

"어떤 상황에서도 죽음은 비극이다. 그렇지 않다면 인생이 비극이라는 뜻이 아닌가!"
—— 시어도어 루스벨트, 미국 대통령

주님, 사람이 무엇이기에 그렇게 생각하여 주십니까?
인생이 무엇이기에 이토록 생각하여 주십니까?
사람은 한낱 숨결과 같고,
그의 일생은 사라지는 그림자와 같습니다.
—— 시편 144:3-4

고인은 일찍이 이민을 와서 사업으로 기반을 다지고 은퇴를 맞았으나 폐질환으로 인해 수년 동안 산소호흡기에 의존하여 생활하셨다. 신체의 모든 장기가 정상인데 폐만 제 기능을 못해서 멀리 가지도 못하고 이동할 때마다 산소통을 들고 다니셔야만 했다. 그로 인해 은퇴 후에 하려고 했던 모든 일을 포기하셔야 했다. 사업을 통해 상당한 재산을 모으셨으나 그것을 써 볼 기회조차 얻지 못하셨다. 그런 상태에서도 늘 유머를 잃지 않으셨고 주변 사람을 즐겁게 해 주셨다.

지난 주간에 집사님의 상태가 매우 좋지 않다는 소식을 접하고 주일 예배 후에 임종 예배를 드리기로 계획을 세웠습니다. 얼마 전, 예정해 놓은 임종 예배 전에 서둘러 떠나가신 교우가 생각이 나서 "혹시나 그 전에 떠나시면 어쩌나?" 하고 염려했습니다. 감사하게도 집사님은 우리를 기다려 주셨습니다.

주일 오후에 집사님이 거하시던 방에 여러 교우들과 친구들이 함께 모여 집사님이 좋아하시던 찬송을 몇 편 부르고 성찬을 나누었습니다.

집사님은 약간의 표정만으로 의사를 전하실 뿐이었습니다. 하지만 교우들이 마음 다해 부르는 우렁찬 찬양을 들으시고 친구들의 작별 인사도 다 들으셨을 것입니다. 그것이 집사님의 마지막 가시는 길을 평안하게 만들어 드렸을 것입니다.

그렇게 임종 예배를 드린 지 하루 만에 하나님의 품에 안기셨습니다. 월요일 아침에 집사님의 부음을 전해 들었을 때 얼마나 안심이 되었는지요! "주님, 감사합니다!"라는 감탄이 절로 나왔습니다.

지난 늦가을 어느 날 오전 집사님의 집을 찾았습니다. 당시에도 상태가 몹시 나빠서 열 걸음도 채 못 걷고 멈추어 심호흡을 하셔야 했습니다. 저는 언제 다시 그런 시간을 가질 수 있을지 몰라서 집사님에게 인생 이야기를 들려 달라고 부탁했습니다. 집사님께 허락을 받고 녹음을 했습니다. 집사님이 떠나고 나신 후 그 내용을 다시 들어 보았습니다.

집사님을 아시는 분들은 다 아시지요? 그분이 얼마나 솔직하고 투박하게 말씀하시는지 말입니다. 우스갯소리도 잘하셨습니다. 처음 집사님을 접하는 분들은 다소 무섭게 느낄 정도로 당신이 느끼는 대로, 있는 그대로, 거친 언어로 말씀하셨습니다. 그런데 그분이 어떤 분인지를 알고 나면 그분의 말씀이 재미있게 들리고 어떤 때는 (이렇게 표현하면 좀 그렇지만) 귀여워 보이셨습니다. 저같이 '범생이'로 살아온 사람들은 그런 모습이 부럽습니다. 그러고 싶어도 그러지 못하니 다른 사람이 그렇게 하는 모습을 보면 대리 만족을 느끼는 것이지요. 저는 집사님을 만나 대화를 나눌 때마다 '노는 친구'를 만난 '범생이'처럼 즐거웠습니다.

그날도 집사님은 그러셨습니다. 말씀하시는 중간중간에 자주 멈추셔야 했지만, 소탈하고 쾌활하고 솔직하고 거침없고 재미있었습니다. 당신의 인생 이야기를 들려 달라는 부탁에 집사님은 마치 준비하신 것처럼 이야기 보따리를 풀어 놓으셨습니다.

제 부탁에 집사님이 꺼내신 첫 마디는 "Terrible! My life was terrible!"(형편없습니다. 제 인생은 형편없었어요)이었습니다. 만일 자신의 인생살이에 대해 문제를 내고 채점을 하라면 줄 점수가 없다고 하셨습니다. 자기가 문제를 내면 답할 수 있는 문제만 내겠지요. 또한 자기 시험지를 스스로 채점하면 웬만하면 맞게 해 주겠지요. 그러니 자기가 문제를 내고 자기가 채점을 하면 후한 점수를 받게 됩니다. 그런데 집사님은 그렇게 한다 해도 좋은 점수를 받지 못할 정도로 당신의 삶이 부족했다고 말씀하십니다.

무엇 때문에 그렇게 박한 점수를 주시느냐고 여쭙지는 않았습니다. 그렇게 말씀하시는 집사님의 모습은 '자학'도 아니고 '자조'도 아니었습니다. 겸허한 자기 고백이었습니다. 무엇 때문에 그렇게 평가하시는지 굳이 알고 싶지 않았습니다. 제 마음은 오히려 집사님이 매긴 시험지를 받아서 점수를 올려 드리고 싶었습니다.

집사님은 아주 흥미로운 비유를 드십니다. 자신의 능력이나 인품을 비유하자면 옛날에 라면이 처음 나왔을 때 사용했던 양은 냄비와 같다는 것입니다. 물을 넣고 불에 올려놓으면 금세 끓도록 얇게 만든 냄비 말입니다. 처음에는 금색으로 칠해져 나오지만, 몇 번 사용하고 나면 하얗게 변합니다. 너무 얇아서 쉽게 찌그러집니다. 어떤 사람은 놋쇠로 만든 냄비이고, 어떤 사람은 국을 끓이는 커다란 솥이고, 어떤 사람은 무쇠로 만든 거대한 밥솥이라면, 자신은 라면이나 끓여 먹는 양은 냄비라고 하셨습니다. 그 말씀 끝에 이렇게 말씀하십니다.

"그러니 이게 기적 같은 일 아닙니까? 그 초라한 양은 냄비로 오늘 이렇게 살게 되었으니, 이게 도무지 믿어지지 않습니다. 말하자면 잭팟에서 대박을 터뜨린 셈입니다. 다른 말로는 설명할 도리가 없어요. 그러니 내가 무슨 여한이 있겠습니까? 양은 냄비 같은 인생이 이만큼 살았으니 더 바랄 게 무엇이 있겠습니까?"

저는 이 말씀을 들으면서 무장해제되어 허허 하며 웃고 말았습니다. 이토록 진솔하고 겸손하면서도 감동적인 인생 고백을 어디서 들어볼 수 있겠습니까? 녹음한 집사님의 음성을 며칠 전에 다시 들으면서 빙긋이 웃고 있는 저 자신을 발견했습니다. 역시, 한 사람의 진실한 모습은 다른 사람을 무장해제시키는 힘을 가집니다.

그러한 집사님의 인생 고백을 묵상하는 동안 오늘 읽은 시편 144편 3-4절이 생각났습니다.

주님, 사람이 무엇이기에
그렇게까지 생각하여 주십니까?
인생이 무엇이기에
이토록 생각하여 주십니까?

사람은 한낱 숨결과 같고,
그의 일생은
사라지는 그림자와 같습니다.

그렇습니다. 자신의 인생을 양은 냄비에 비유하는 집사님의 고백을 들으며 혹시 속으로 "나는 그보다는 낫지. 나는 국밥을 끓이는 커다란 국솥 정도는 되지"라고 생각하는 분이 계실지 모릅니다. 오늘 읽은 말씀은 온 세상을 가져 보았던 다윗의 기도 중 일부입니다. 당대의 절대 강자였던 다윗도 자신을 '한낱 숨결' 혹은 '사라지는 그림자'에 비유했습니다. 우리끼리 키를 대 보면 큰 사람도 있고 작은 사람도 있지만, 몇 층만 더 올라가서 내려다보면 차이가 나질 않습니다. 뉴욕 시를 가득 채운 마천루 빌딩들도 비행기에서는 하나같이 성냥갑처럼 보입니다. 마찬가지로 하나님 앞에 서서 우리 자신을 본다면, 모두 다 양은 냄비요 간장 종지와 같은 인생들입니다.

하나님 앞에 서서 우리 자신이 어떤 존재인지를 알고 나면 우리는 모두 잭팟에서 대박을 터뜨린 사람들이라는 사실을 깨닫게 됩니다. 자신의 일생을 돌아보면서 젊은 시절에 가졌던 꿈을 다 이루지 못한 것으로 인해 아쉬워하실 분들이 있을 것입니다. 그럴 사람들이 많습니다. 사람들은 자신의 능력과 관계없이 큰 꿈을 꾸기 마련이기 때문입니다.

그런데 인생을 돌아보면서 자신의 능력만큼 이루지 못했음을 깨닫고 한스러워하는 사람이 있다면, 그는 자신을 모르는 사람입니다. 하나님 앞에 서 본 일이 없는 사람입니다. 자신의 참 모습에 눈떠 본 일이 없는 사람입니다. 자신이 누구인지에 제대로 눈뜬 사람이라면 지금 살고 있는 상황이 어떻든지 상관없이 모두 잭팟에서 대박을 터뜨린 사람과 같다는 사실을 인정할 것입니다.

집사님은 그날의 대화 중에 자신의 장례식에 대해서도 말씀하셨습니다. 집사님은 시신을 병원에 기증하셨습니다. 그 모든 절차가 끝나면 남은 시신을 화장하여 일부는 한국에 있는 가족 납골당에 두고 일부는 이곳에 있는 가족들 가까이에 두었으면 좋겠다고 하셨습니다. 그리고 당신이 가고 나서 6개월쯤 있다가 당신을 기억하는 사람들이 모여서 '축하'라고 하면 좀 그렇고 '감사'하는 예배를 드려 주면 좋겠다고 하셨습니다. 그 바람과 달리 오늘 우리는 조금 일찍 모였습니다. 이 모습을 보고 혼내시지 않을지 모르겠습니다.

장례식에서는 여러 말 할 것 없고 당신이 좋아하는 찬송이나 많이 불러 달라고 하셨습니다. 그리고 계속하여 이렇게 말씀하셨습니다.

"저에 대해 아무것도 말하지 마시고 하나님을 알기 위해 노력하다가 갔다는 한마디면 족합니다. 나를 아는 사람들이 나에 대해 자기들 마음대로 말하겠지만, 나를 제대로 아는 사람들이라면 그 정도는 인정할 것입니다. 일평생 어리석게 살았지만 하나님을 믿고 하나님을 알기 위해 힘썼다는 점에는 의심이 없을 것입니다. 그러니 천국 가는 것은 확보된 것이 아닙니까? 만일 제 믿음이 천국 가는 데 조금 부족하다면 교회에서 조금 보태서 보내 주면 되지 않겠습니까? 우리 교회에 그 정도의 믿음이 없습니까?"

마지막 말씀은 어디에서 누구에게 배웠는지 모르겠습니다. 저는 그렇게 가르친 적이 없습니다. 전임 목사님에게 여쭈어 보아야 하겠습니다. 물론, 농담으로 하신 말씀입니다. 워낙 우스갯소리를 좋아하시는 분이셨으니 말입니다.

그 믿음대로 집사님은 고단한 70여 년의 지상 여정을 마치고 하나님의 품에서 영원한 안식과 복락을 시작하셨을 것입니다. 아마도 하나님 앞에서 집사님은 다윗과 같은 심정으로 감사의 말씀을 전하셨을 것입니다.

한낱 숨결 같고
지나가는 그림자 같으며
낙제생과 같은 인생을 산 저를
하나님은
왜 이토록 생각해 주시며
왜 이토록 은혜를 베풀어 주셨습니까?
70여 년의 인생 동안
여러 사람의 사랑을 받으며 살게 하시고
이렇게 하나님의 품에 이르게 하시니
이 무슨 은혜입니까?
이 무슨 영광입니까?

제게 무슨 자격이 있습니까?
모두가 주님의 은혜입니다.

남편을 먼저 보내고 아파하시는 부인 집사님과, 아버지를 혹은 할아버지를 떠나보내고 아쉬워하는 자녀들께 위로의 말씀을 드립니다. 집사님은 매우 잘 사셨고 또 인생을 잘 마감하셨습니다. 이제부터는 환한 미소를 머금고 하나님 품에서 여러분을 지켜보실 것입니다. 남편, 아버지 그리고 할아버지와의 좋았던 추억을 가슴에 품고 다시 만날 그날까지 겸손히 그리고 거룩하게 살아가시기를 기도합니다.

고인을 추모하고 유가족을 위로하기 위해 모인 조객들께도 권면합니다. 지금까지 지내 온 인생 여정을 잠시 돌아보시기 바랍니다. 그리고 모든 것이 하나님의 은혜였음에 눈뜨시기 바랍니다. 그리고 은혜 중 가장 큰 은혜 즉 예수 그리스도를 통해 하나님의 품을 약속받는 은혜까지 얻으십시오. 이 땅에서의 삶도 은혜요 이 땅의 삶을 마감하는 것도 은혜입니다. 은혜로써 영원한 생명을 누리는 복을 누리시기를 기도합니다.

13장

나는 부족하여도

(화형이 집행되기 전에 믿음을 부인하라는 회유와 함께 "생명은 감미롭고 죽음은 쓰지 않던가?"라고 말하자) "옳습니다, 진실로 옳습니다. 하지만 영원한 생명은 더 감미롭고, 영원한 죽음은 더 씁니다."
—— 존 후퍼, 16세기 영국 순교자

나의 간절한 기대와 희망은,
내가 아무 일에도 부끄러움을 당하지 않고 온전히 담대해져서,
살든지 죽든지, 전과 같이 지금도,
내 몸에서 그리스도께서 존귀함을 받으시리라는 것입니다.
나에게는, 사는 것이 그리스도이시니, 죽는 것도 유익합니다.
그러나 육신을 입고 살아가는 것이 나에게 보람된 일이면,
내가 어느 쪽을 택해야 할지 모르겠습니다.
나는 이 둘 사이에 끼여 있습니다.
내가 원하는 것은, 세상을 떠나서 그리스도와 함께 있는 것입니다.
그것이 훨씬 더 나으나,
내가 육신으로 남아 있는 것이 여러분에게는 더 필요할 것입니다.
—— 빌립보서 1:20-24

고인은 60대 중반에 위암을 얻어 1년 반 동안의 투병 생활 끝에 하나님의 부름을 받으셨다. 병이 발견되기 전까지 그분이 어떤 분이며 그 믿음이 어떤지 잘 알지 못했다. 매 주일 빠짐없이 예배에 참여했지만 교회 활동은 별로 하지 않으셨다. 과묵하고 조용한 성격이어서 내면을 잘 드러내시지 않았다. 투병 과정 중에 그의 내면을 들여다볼 수 있었는데, 조용하지만 흔들림 없는 강한 믿음의 소유자이셨다. 그의 투병과 임종 과정은 진실한 믿음이 어떤 것인지를 생각하게 해 주었다.

저는 고인이 되신 집사님을 통해 참 큰 은혜를 입었습니다. 비록 그분이 암을 가진 것을 알고 난 후에야 개인적으로 알아가기 시작했지만, 그 짧은 시간이나마 믿음 안에서 살아가는 사람의 모습이 어떤 것인지를 그분을 통해 보았기 때문입니다. 암이 발견되고 난 후 집사님을 처음 뵈었을 때, 차분하게 저를 맞아 주시면서 잔잔한 미소와 조용한 음성으로 그러나 아주 분명하게 하신 말씀을 기억합니다. 자신은 후회 없이 열심히 살았고, 하나님 나라에 대한 분명한 소망을 가지고 있기에 지금 가도 아무런 아쉬움이 없다고. 다만, 사랑하는 가족들 때문에 한번 싸워 보려 한다고.

삶의 큰 위기 앞에서 신앙인들이 하는 말을 들어 보면 그 말이 진심에서 나오는 것인지를 어느 정도 알 수 있습니다. 어떤 사람은 바위같이 강한 믿음의 고백을 하지만 눈동자는 떨리고 음성은 흔들립니다. 길 잃은 아이가 어둠이 짙어져 올 때 홀로 서서 떨리는 목소리로 "난 무섭지 않아. 어둠 따위는 무섭지 않아!"라고 소리치는 것과 같은 모습입니다. 마음을 점령해 오는 두려운 감정을 애써 부정하고 외면하려는 몸부림입니다. 하지만 집사님의 말씀에서는 진심이 느껴졌습니다. 억지로 하는 이야기가 아니라 마음의 중심에서 자연스럽게 흘러나오는 말처럼 들렸습니다.

오늘 읽은 바울 사도의 말씀을 오래전부터 알고 있었지만, 집사님의 음성으로 그 말씀을 듣고서야 실감할 수 있었습니다. 빌립보서를 쓸 때, 바울은 언제 사형이 집행될지 모르는 죄수의 몸이었습니다. 그는 닥쳐올 죽음을 예견하며 "나에게는, 사는 것이 그리스도니, 죽는 것도 유익합니다"라고 말합니다. 하지만 "육신을 입고 살아가는 것이 나에게 보람된 일이면, 내가 어느 쪽을 택해야 할지 모르겠습니다"라고 심경을 고백합니다. 그런 다음 이렇게 말을 잇습니다.

나는 이 둘 사이에 끼어 있습니다. 내가 원하는 것은 세상을 떠나서 그리스도와 함께 있는 것입니다. 그것이 훨씬 더 나으나, 내가 육신으로 남

아 있는 것이 여러분에게는 더 필요할 것입니다. (빌 1:22-23)

바울 사도는 자기 혼자만 생각한다면 죽어서 하나님 나라에 이르고 싶다고 합니다. 다만 이 땅에서 아직 할 일이 남아 있다면, 고난에도 불구하고 더 사는 것을 거부하지 않겠다고 말합니다. 하나님 나라에 대한 그의 열망은 진심이었습니다.

그리스도인들을 비웃는 사람들이 자주 하는 말이 있습니다. "천국이 그렇게 좋다면, 왜 살려고 발버둥치나? 그거 보면, 다 헛소리야." 이렇게 말하는 사람들이 바울의 진심을 읽었으면 좋겠습니다. 그리고 집사님의 진솔한 고백을 들었더라면 좋았을 것입니다. 그분은 제가 그동안 만났던 분 가운데 가장 든든한 믿음 안에 사셨던 분입니다. 투병하는 내내 그랬고, 마지막 임종 예배를 드릴 때도 그러했습니다.

혼수상태에 머물러 계시다가 저희가 가서 "하늘 가는 밝은 길"을 부르자 의식을 회복하고 산소마스크를 착용한 상태에서 따라 부르셨습니다. 찬송을 다 부르고 임종 기도를 드린 다음, 혼신의 힘을 다해 실눈을 뜨시고 한마디 하셨습니다. 잘 들리지 않아 "뭐라고요?" 하고 여쭙자 "나는 부족하여도!"라고 크게 소리치셨습니다. 방금 부른 찬송가의 마지막 소절을 믿음의 고백으로 되뇌인 것입니다. 저는 "그렇습니다. 나는 부족하여도 주님이 맞아 주실 것이니 편히 가십시오"라고 말씀드렸고, 집사님은 남편의 눈물 어린 사랑 고백을 들으시면서 이내 잠에 빠지셨습니다. 그 잠이 영원한 잠으로 이어진 것입니다.

고별 예배를 드리기 위해 준비하는 중에 동생으로부터 인상 깊은 말씀을 들었습니다. 집사님이 젊은 시절에도 가끔 하나님 나라를 생각하면 너무도 가고 싶은 마음이 들어 "아, 이러면 안 되지!"라고 생각하며 머리를 흔들어 자신을 깨워 일으키곤 했다는 것입니다. 우울증 같은 질병 때문이라면 그것을 믿음의 고백이라 할 수 없겠지만, 집사님은 누구보다 차분히 그리고 이성적으로 책임 있는 사회인으로 사셨습니다. 그러면서도 늘 하나님 나라를 꿈꾸며 사셨던 분임을 알려 주는 대목입니다.

돌아가시기 전날, 아직 의식이 깨어 있을 때 남편에게 "오늘 밤에는 집에 가서 쉬고 오세요"라고 말씀하셨다고 합니다. 남편은 그렇게 하시려다가 아무래도 상태가 좋지 않아서 그냥 병실에서 지새우셨습니다. 새벽녘에 눈을 뜨신 집사님은 "아직 안 갔어?"라고 물으시더랍니다. 남편이 "당신 걱정 되어서 여기서 잤어"라고 대답했더니, 집사님은 "아니, 나 말이야. 나, 아직 안 갔느냐?"라고 답하셨답니다. 죽음에 대해 아무런 두려움도 느낄 수가 없습니다. 마치 이웃집에 가는 것처럼 생각하셨던 것 같습니다.

사랑하는 남편과 형제자매들, 자녀들 그리고 친구들의 입장에서는 그렇게도 천국을 사모하고 열망했던 집사님의 마음이 야속해 보일지 모르겠습니다. 하지만 그분의 삶을 아는 분들은 모두 압니다. 남들 몫의 두 배는 감당하고 사셨다는 사실을 말입니다. 그분은 어떤 면에서도 이 세상의 책임을 소홀히 하지 않으셨습니다. 하지만 언제든지 이 세상을 떠날 마음의 준비를 하고 사셨습니다. 진정으로 가난한 마음을 가지고 사셨던 분입니다.

저는 지난 며칠 동안 기도하고 묵상하면서 제게 있는 천국에 대한 소망이 어떠한지 점검해 보았습니다. 주님이 저에게 "너, 지금 나에게 올래, 거기서 더 살래?"라고 물으시면, 무어라 대답할까 물어보았습니다. 솔직한 심정으로 저는 "여기서 좀더 살겠습니다"라고 대답할 것 같습니다. "주님, 저 혼자만 생각하면 주님께 당장이라도 가고 싶은데, 사랑하는 자식들이 있고 할 일이 있으니 좀더 있다 가겠습니다"라는 대답이 아직 안 나옵니다.

물론, 저는 천국을 믿습니다. 지금 죽으면 제 공로는 부족하나 제가 믿는 주님의 공로로 천국에 받아들여질 것으로 믿습니다. 하지만 지금 당장 가고 싶은 마음은 그렇게 강하지 않습니다. 목사의 믿음이 그것밖에 안 되느냐고 책망하셔도 어쩔 수 없습니다. 그것이 천국에 대한 제 소망의 실상입니다. 그래서 더 기도하고 묵상하고 있습니다. 바울의 고백이 저에게도 진실이 되게 해 달라고 말입니다. 집사님이 가졌던 것과 같은 천국에의 소망을 저에게도 달라고 말입니다.

천국에 대한 소망이 분명하면 할수록 그 소망은 이 땅에서의 삶에 영향을 미칩니다. 이 세상을 더욱 사랑하게 됩니다. 이기적인 사랑이 아니라 하나님의 마음으로 사랑하는 것입니다. 주어진 시간을 더 유익하게 사용하며 전심을 다해 살게 됩니다. 헛된 것에 붙들리지 않고 참되고 영원한 것을 위해 살게 됩니다. 이 세상에서 제대로 살려면 천국에 대한 소망이 더욱 분명해야 합니다. 물론, 천국에 대한 잘못된 소망이 이 땅에서의 삶을 심하게 왜곡시킬 수도 있지만, 그것이 무서워 그 소망을 두려워해서는 안 됩니다. 그런 점에서 집사님은 저에게 아주 귀한 선물을 주고 가셨습니다. 그래서 감사합니다. 진실로 이 만남을 허락하신 주님께 감사드립니다.

집사님이 운명하신 후 한참 동안 그분의 모습을 지켜보았습니다. 항암 치료를 하느라 머리카락이 많이 빠졌습니다. 운명하시면서 집사님은 베개에 고개를 반쯤 돌리셨습니다. 제가 선 자리에서는 집사님의 뒷모습이 보였습니다. 그 모습을 지켜보는 동안 제게 떠오른 이미지가 있습니다. 렘브란트가 그린 명화 '탕자의 귀향'에서 아버지 품에 안겨 있는 둘째 아들의 뒷모습입니다. 렘브란트는 탕자가 겪은 고난을 드러내기 위해 머리카락이 거의 빠진 것으로 그렸습니다.

헨리 나우웬은 이 그림에 매료되어 원작을 찾아가 감상하고 나중에 이 그림을 소재로 하여 『탕자의 귀향』(*The Return of the Prodigal Son*, 포이에마)이라는 책을 쓰기도 했습니다. 그는 돌아온 탕자의 어깨를 감싸고 있는 아버지의 두 손에 주목합니다. 아버지의 왼손은 강한 남성의 손으로, 오른손은 부드러운 여인의 손으로 그렸습니다.

부성과 모성을 함께 가지고 있는 하나님을 상징한 것입니다. 우리가 아는 보통 아버지의 심정으로는 방탕하게 살다가 돌아온 아들을 받아들이지 못할 것입니다. 돌아온 탕자를 품어 안는 품은 어머니에게 어울립니다. 그래서 렘브란트는 그렇게 그린 것입니다. 그 품에 둘째 아들

은 이마를 대고 울고 있습니다. 아버지의 은혜에 감격한 눈물입니다.

베개에 비스듬히 누우신 집사님의 뒷모습을 보고 있는 동안 렘브란트의 그림이 중첩되어 보였습니다. 집사님은 탕자처럼 "아버지께서 나를 받아 주실 자격이 나에게 전혀 없지만, 예수 그리스도의 은혜로써 나를 받아 주실 것이니, 나는 평안히 아버지께 돌아갑니다"라고 마지막 신앙 고백을 하고 계시는 것 같았습니다. 그리고 그 뒷모습은 저에게 든든한 확신을 주었습니다. 지금 제게 보이는 그대로 집사님은 하나님의 품에 고이 안겨 있다는 사실이 믿어졌습니다.

지난 1년 반 동안 주일 예배 때마다 기도 카드를 써 내시고 눈물로 기도하면서 지켜 오신 남편 집사님과 자매님들 그리고 자녀, 친구, 교우들 모두에게 집사님의 믿음을 증언함으로 위로를 전합니다. 우리가 임종 때 본 그 모습은 영생이 있으며 천국이 있음을, 그리고 집사님은 지금 하나님의 영원한 안식에 거하고 계심을 증언해 줍니다. 이 사실로 위로받으시고, 같은 소망을 가지고 주어진 나날을 사시기 바랍니다.

육신의 이별을 안타까이 여기며 애도하는 것은 필요하지만, 늘 상심에 젖어 사는 것은 집사님의 바람이 아닐 것입니다. 위로자 성령께서 여러분의 마음을 위로하셔서, 남은 시간을 복되게 살아 때가 오면 진실로 영생을 믿는 사람답게 그 나라에 이르고 예수께서 재림하시는 날 성도의 부활에 참여하게 되기를 간절히 기원합니다.

14장
알지 못한 채 죽음을 준비하다

"자살은 죄인가? 그렇다. 사신에 대한 하나님의 계획을 자신의 손으로 차단시키는 일이기 때문이다. 하지만 예수 그리스도는 우리의 모든 죄를 위해 십자가에 달리셨다."
—— 릭 워렌, 아들의 자살에 대한 언급 중에서

예수께서 베다니에서 나병 환자였던 시몬의 집에 머무실 때에,
음식을 잡수시고 계시는데, 한 여자가 매우 값진
순수한 나드 향유 한 옥합을 가지고 와서,
그 옥합을 깨뜨리고, 향유를 예수의 머리에 부었다.
그런데 몇몇 사람이 화를 내면서 자기들끼리 말하였다.
"어찌하여 향유를 이렇게 허비하는가?
이 향유는 삼백 데나리온 이상에 팔아서,
그 돈을 가난한 사람들에게 줄 수 있었겠다!"
그리고는 그 여자를 나무랐다. 그러나 예수께서 말씀하셨다.
"가만두어라. 왜 그를 괴롭히느냐?
그는 내게 아름다운 일을 했다.
가난한 사람들은 늘 너희와 함께 있으니,
언제든지 너희가 하려고만 하면, 그들을 도울 수 있다.
그러나 나는 언제나 너희와 함께 있는 것이 아니다.
이 여자는, 자기가 할 수 있는 일을 하였다.
곧 내 몸에 향유를 부어서, 내 장례를 위하여 할 일을 미리 한 셈이다.
내가 진정으로 너희에게 말한다.
온 세상 어디든지, 복음이 전파되는 곳마다,
이 여자가 한 일도 전해져서, 사람들이 이 여자를 기억하게 될 것이다."
—— 마가복음 14:3-9

고인은 가난을 벗어나기 위해 미국으로 이민 와서 참으로 고단한 삶을 사셨다. 일식집 스시맨으로 일하셨는데, 그것으로는 생활의 기반을 마련하기 어려웠다. 그래서 부인도 일을 시작하셨다. 그렇게 힘겹게 살던 중 어느 봄날 비오는 새벽녘에 본인 집 창고에서 목을 매어 스스로 목숨을 끊으셨다. 오래도록 우울증을 숨기고 사셨던 것이다. 부인과 가족 모두에게 숨기고 사셨다. 직업 특성상 고인은 교회에 나오지 못하시고 부인과 자녀들만 다녔다. 1년에 단 한 번 송구영신 예배에 오시는 것이 전부였다. 가장 어려웠던 장례식이었고, 장례식 후에도 부인과 자녀들의 치유와 회복을 위해 오랜 기간 동안 특별한 관심을 기울여야 했다.

장례식장에 와서는 대개 할 말을 찾는 데 어려움을 느끼는 법입니다. 뭐라고 말은 해야겠는데, 아무리 생각해도 적당한 말이 생각나지 않습니다. 그래도 뭐든 말해야겠다고 생각하여 한두 마디 내뱉고 나면, 그 말이 위로가 되기는커녕 유가족에게 상처를 주는 경우가 더 많습니다.
제가 아는 어느 목사님께 들은 이야기가 있습니다. 그분은 젊었을 때 주로 미국인 교회를 담임했습니다. 미국 문화를 배우는 과정에서 한국 풍습에 대해서는 점점 잊어버리게 되었습니다. 그러던 중 가까운 한국인 친구의 부친이 세상을 떠났습니다.

그를 위로하기 위해 장례식에 조문객으로 참여했습니다. 장례식이 끝나고 나서 가족들을 대면하기 위해 줄을 서서 기다렸습니다. 그런데 뭐라고 말해야 하는지 생각이 나지 않았습니다. 20년 넘게 미국 문화 속에서만 살다 보니 한국식 인사를 까맣게 잊은 것입니다. 영어를 사용하는 사람들은 "I am deeply sorry"라고 말합니다. "내 마음이 매우 아픕니다"라는 뜻입니다. 같은 뜻의 우리말을 생각해 보았으나 도무지 떠오르지 않았습니다. 갈피를 못 잡고 있는데 가족들 앞에 당도했습니다. 하는 수 없이 목사님은 "I am deeply sorry"를 문자 그대로 번역하여 "대단히 죄송합니다"라고 말했습니다. 그 말이 입에서 나가는 순간 "아차, 이게 아니로구나!" 싶었습니다. 자신이 그 죽음과 직접 관련 있는 것도 아닌데 죄송하다는 말이 가당키나 합니까? 그제야 본인이 실수한 것을 깨달았다고 합니다.

어떤 장례식이든 온전히 합당한 위로의 말을 찾는 것은 어렵습니다. 인간의 언어는 일상적인 경험을 넘어서는 순간 적실성을 잃어버립니다. 쓸모없어집니다. 그런 때는 차라리 침묵하는 것이 낫습니다. 오늘 우리가 마주한 이 경우는 더욱 그렇습니다. 교우님은 혼자서 속으로 아픔을 삭이고 삭이다가 결국 삶의 짐에 짓눌려 스스로 삶을 포기하는 데까지 이르셨습니다. 그로 인해 부인은 깊은 상실감과 충격에 빠져 계시고 고등학교와 중학교에 다니는 두 자녀도 마찬가지입니다. 도대체 이 거대한 비극 앞에서 무슨 말로 위로할 수 있겠습니까?

이런 때는 목사가 짊어져야 할 짐이 참 무겁게 느껴집니다. 아무도 할 말을 찾지 못하고 있는 지경에 목사는 무슨 말이든 해야 합니다. 인간의 모든 언어가 의미를 잃어버리는 이런 순간에도 뭔가 말해야 하는 상황이 참으로 고통스럽습니다. 할 수만 있다면 차라리 이 자리를 피하고 싶습니다. 그냥 성경 말씀 한두 군데를 읽고 마치고 싶습니다. 사건이 발생한 날로부터 지금까지 "한 말씀만 주소서!"라고 간구해 왔지만, 하나님도 하실 말씀이 없으신지 아무런 응답이 없으십니다.

그리스도인들 사이에는 자살한 사람은 천국에 갈 수 없다는 믿음이 널리 퍼져 있습니다. 이 믿음에 어느 정도 진실이 있습니다. 자살은 참으로 심각한 잘못입니다. 인간이 범할 수 있는 가장 큰 실수입니다. 절대로 해서는 안 될 일입니다. 생명의 주관자는 오직 하나님이시기 때문입니다. 생명을 주시는 분이 하나님이시듯, 생명을 거두어 가시는 분도 하나님이십니다. 생명은 하나님의 영역입니다. 그래서 율법에 피를 먹지 말라는 기록이 있습니다. 생명을 함부로 다루지 말라는 뜻입니다. 그러므로 생명을 자신의 소유물인 양 스스로 거두는 것은 참된 주인이신 하나님께 큰 죄를 짓는 것입니다.

하지만 자살이라고 해서 다 같은 것이 아닙니다. 오늘 신문을 보니, 워싱턴 DC에서 거대한 매춘 조직을 운영하다가 발각된 데보라 신 팰프리가 플로리다에서 자살했다는 뉴스가 있었습니다. 그런 자살은 구원받을 수 없을 것입니다. 그는 하나님이 주신 단번의 귀한 생애를 죄악으로 채우는 잘못을 범했고, 그 잘못으로부터 회개할 기회를 반납하고 스스로 목숨을 취했습니다. 생명의 주인에게 용서받을 수 없는 무거운 죄를 지은 것입니다.

반면, 마음의 병으로 인한 자살은 전혀 다른 것입니다. 저는 목회를 하면서 우울증이나 정신분열증을 앓았던 분들의 이야기를 많이 들어 익히 알고 있습니다. 마음의 질병에 깊이 빠지면 죽음이 몹시 좋은 선택처럼 보인다고 합니다. 믿음이 있는 사람들의 경우에는 하나님도 그것을 허락해 주실 것 같다는 생각이 든다고 합니다. 그러한 혼란과 착각을 이겨내고 위기를 잘 넘기는 사람도 있지만, 때로는 병이 너무 깊어 그런 생각에서 헤어나오지 못하는 경우도 있습니다.

불행히도 교우님은 그런 이유로 해서는 안 될 선택을 하신 것입니다. 그런 점에서 보면, 교우님은 자살한 것이 아니라 병에 걸려 돌아가신 것입니다. 육신의 병이나 마음의 병이나 다르지 않습니다. 교우님의 죽음이나 암으로 세상을 떠난 사람의 죽음이나 크게 다르지 않습니다.

그러므로 자살했다는 외형적인 사건만을 보고 교리적으로 판단하지 말았으면 좋겠습니다. 우리 믿는 사람들은 다른 사람의 일에 대해 평가하고 판단하기를 좋아합니다. 특별히 다른 사람의 구원 여부를 판단하기를 즐기는 사람들이 많습니다. 우리 중에는 그런 분이 없기를 바랍니다. 구원이냐 멸망이냐를 판단하는 것은 오직 하나님의 영역입니다. 나의 교리나 기준으로 다른 사람의 구원 여부를 판단하는 것은 하나님의 주권을 침범하는 일입니다.

어느 책에서 읽은 이야기입니다. 어떤 사람이 새로운 지역으로 이사를 하고는 다닐 교회를 찾았습니다. 여러 교회를 방문해 보았지만 딱히 마음에 들지 않았습니다. 그러던 중에 그 지역에 있었던 장례식에 참여하게 되었습니다. 고인은 불행하게도 스스로 목숨을 취한 사람이었고, 장례식을 집례한 사람은 그 지역의 목사였습니다. 그 목사는 "고인은 자살로써 인생을 마쳤기에 지옥에 갈 수밖에 없습니다. 여러분도 지옥에 가지 않도록 조심하십시오"라는 식으로 설교를 했습니다. 그 설교를 듣고 "저렇게 용감한 목사라면 내 믿음을 맡겨도 되겠다"고 생각했다고 합니다.

정말 그 목사님은 용감한 것일까요? 저는 그가 신중하지 못했다고 생각합니다. 자신의 기준에 따라 그렇게 단언하는 것은 옳다 할 수 없습니다. 한 사람의 믿음에 대한 최종 판단은 하나님이 하시는 것이며, 그의 구원 여부도 하나님이 판단하시는 것이기 때문입니다. 살아 있는 동안에는 교리를 가르치고 바른 삶을 요구해야 하지만, 죽음의 경계선을 넘어서고 나면 겸손히 그리고 진실하게 그 사람을 위해 하나님께 기도해야 합니다.

오늘 이 시간에도 마찬가지입니다. 우리는 고인의 구원 여부에 대한 모든 의문과 생각을 내려놓고 하나님의 은총과 사랑을 구해야 합니다. 스스로 목숨을 취한 사람의 영전에서 우리는 구원을 단언할 수도 없고 멸망을 단언해서도 안 됩니다. 마음 모아 주님의 은혜를 구하고, 남아 있는 유가족을 돌보고 살피는 책임을 짊어질 준비를 해야 합니다.

이런 마음으로 저는 오늘 이 자리에 섰습니다. 오늘 예배를 준비하면서 저는 교우님에 대한 기억을 되살펴 보았습니다.

사실, 교우님은 주말에 제일 바쁜 직업에 종사했기에 교회 예배에 별로 나오지 못하셨습니다. 그래서 직접 뵐 기회가 별로 없었습니다. 다만 2년 전 송구영신 예배에서 교우님을 뵈었던 기억이 있습니다. 송구영신 예배에서 저는 교우님 한 분 한 분의 이마에 기름을 발라 주면서 기도해 드립니다. 1년 동안 한 번도 뵙지 못한 그 교우님이 그날 제 앞에 오셔서 눈을 감으셨습니다. 저는 그분의 이마에 기름을 바르면서 하나님의 은혜를 간절히 구했습니다. 그 순간에 그분이 얼마나 하나님의 은혜를 사모하셨겠습니까? 그 마음을 알기에 저는 특별한 마음으로 교우님을 위해 기도했습니다.

그로부터 얼마 후, 그분의 부인이 제 아내에게 반가운 소식을 전해 주었습니다. 송구영신 예배를 마치고 집에 돌아온 남편이 매우 기뻐하고 감사했다고 합니다. 그동안 살면서 교회 다녀와서 그렇게 기뻐하는 것을 처음 보았다는 겁니다. 목사가 자신을 위해 전심을 다해 기도하는 것을 느꼈다면서, 마치 어린아이가 커다란 선물을 받은 것처럼 기뻐하더라는 것입니다. 제 기억에도 교우님의 표정이 선명하게 남아 있습니다. 그날 밤 저는 5백 명이 넘는 분들을 위해 기도해 드렸습니다. 한 분 한 분에게 정성을 다했지만, 그분이 제 앞에 서 있을 때의 표정이 또렷이 기억에 남아 있습니다.

그 예배 후에 저는 일주일을 몸져누웠습니다. 너무 힘들어서 다음 해에는 하지 말까라는 생각도 들었습니다. 그런데 그 교우님의 표정과 부인으로부터 전해 들은 말이 저로 하여금 그 일을 그만두지 못하게 만들었습니다. 내 뼈가 으스러진다 해도, 한 사람이라도 그 예식을 통하여 도움을 입는다면 해야 마땅하다는 생각이 들었습니다.

오늘 예배를 준비하면서 그때의 기억을 다시 한 번 떠올려 보았습니다. 하나님이 왜 교우님과 저에게 그런 특별한 기억을 남겨 주셨을까 생각해 보았습니다. 그렇게 묵상하는 중에 오늘 읽어 드린 마가복음 14장 3절 이하의 말씀이 생각났습니다.

예수님이 돌아가시기 얼마 전 나병 환자 시몬의 집에 머무실 때, 어떤 여자가 매우 값비싼 순수한 나드 향유 한 옥합을 가지고 와서 그 옥합을 깨뜨리고 향유를 예수님의 머리에 바릅니다. 그러자 옆에서 보고 있던 사람들이 값비싼 향유를 쓸데없이 허비한다고 책망을 합니다. 예수님은 오히려 그들을 책망하면서 이렇게 말씀하십니다.

이 여자는, 자기가 할 수 있는 일을 하였다. 곧 내 몸에 향유를 부어서, 내 장례를 위하여 할 일을 미리 한 셈이다. (막 14:8)

그 여자에게는 그런 생각이나 의도가 없었습니다. 다만 예수님에 대한 사랑으로 자신이 할 수 있는 일을 했을 뿐입니다. 그런데 그것이 예수님의 죽음을 준비하는 일이 되었습니다.

이 말씀을 읽으면서 떠오르는 생각이 있었습니다. 혹시 그때 저와 그 교우님은 미래의 일을 알지 못한 채 죽음을 준비했던 것이 아닐까요? 그때 저는 전력을 다해 그의 영혼을 위해 하나님의 은혜를 빌었고, 교우님은 그분대로 전심을 다해 하나님의 은혜를 구했습니다. 그것이 저희로 하여금 알지도 못하고 미래를 미리 준비하게 한 것이 아닐까요? 임종을 앞둔 사람이 의식하지 못한 채 죽음을 준비하는 예를 자주 보지 않습니까?

그렇다면 기도를 받고 나서 그분이 마음에 품었던 그 기쁨을 지금 하나님의 품에서 누리고 계시지 않을까요? 그때 밝고 환하게 웃으셨던 것처럼 지금 하나님의 품에서 그렇게 환하게 웃고 계시지 않을까요?

하나님이 부족한 종에게 은혜를 주셔서 알지도 못한 채 다가올 죽음을 준비할 수 있도록 인도하신 것이기를 바랍니다. 이 말씀으로 유가족에게 위로를 전하고 싶습니다. 교우들께서도 믿음 안에서 함께 슬퍼하시되 부디 슬픔에 짓눌리지 않으시기를 바랍니다. 다만, 눈물과 기도로써 남아 있는 가족을 위로하여 다시 힘을 내어 살아갈 수 있도록 합시다. 고인의 부인이 여장부처럼 당당히 두 발로 딛고 서도록, 그 아들이 모세가 여호수아에게 명한 것처럼 대장부로 서서 가정을 세울 수 있도록, 그리고 딸이 이 모든 고통을 통하여 정금처럼 연단되어 나올 수 있도록, 함께 기도하고 또한 손을 잡고 걸어갑시다.

15장

사랑에는 두려움이 없다

"가장 좋은 것은 하나님과 함께하는 것이다."　　—— 존 웨슬리의 마지막 말

사랑에는 두려움이 없습니다.
완전한 사랑은 두려움을 내쫓습니다.
두려움은 징벌과 관련이 있습니다.
두려워하는 사람은 아직 사랑을 완성하지 못한 사람입니다.
우리가 사랑하는 것은 하나님이 우리를 먼저 사랑하셨기 때문입니다.
누가 하나님을 사랑한다고 하면서,
자기 형제자매를 미워하면, 그는 거짓말쟁이입니다.
보이는 자기 형제자매를 사랑하지 않는 사람이
보이지 않는 하나님을 사랑할 수 없습니다.
하나님을 사랑하는 사람은 자기 형제자매도 사랑해야 합니다.
우리는 이 계명을 주님에게서 받았습니다.
—— 요한일서 4:18-21

고인은 유복한 유년기와 청소년기를 보내셨다. 이화학당 3회 졸업생이니 당시로서는 아무나 얻을 수 있는 복이 아니었다. 하지만 청년기 이후 그분의 삶은 고난의 연속이었다. 남편을 일찍 여의고 네 남매를 홀로 키우셔야 했다. 신교육을 받았기에 다른 사람보다 나았겠지만 과거에 여성 홀로 자녀들을 키우는 것은 누구에게나 어려운 일이었다. 고난을 벗어나기 위해 몸부림치다 이민의 기회를 얻게 되셨으나 끝내 홀로 사시다가 97세에 하나님의 부름을 받으셨다.

오늘 우리는 지난 목요일, 97세를 일기로 하나님의 부름을 받으신 권사님의 고별 예배로 모였습니다. 이 자리에 서는 제 마음에는 아직도 무거움이 있습니다. 권사님은 낙상을 입으신 뒤 통증으로 고생하시며 진통제 때문에 입맛을 잃으셔서 아무것도 드시지 못했습니다. 그러한 소식을 듣고 지난 토요일 오전에 함께 모여 임종 예배를 드리기로 했었습니다. 곡기를 끊고 난 후에도 보통 한두 주는 연명하시기 때문에 일정을 그리 잡았습니다.

하지만 권사님은 지난 목요일에 서둘러 하나님께 가셨습니다. 임종 예배가 고인을 구원하는 것은 아니지만 그래도 마지막 가시는 길을 예배로 마무리하는 것은 고인에게나 가족에게나 큰 위로가 되는데 아쉽게도 그럴 기회를 가지지 못했습니다.

촛불이 다 타고 꺼지듯 큰 고통 없이 자녀들이 모두 보는 앞에서 평안히 가셨다니 그나마 위안이 됩니다. 너무 고요히 임종하셔서 자녀들도 그 순간을 놓쳤습니다. 병실 안에서 세 남매와 며느리가 담소를 나누다가 이상한 느낌이 들어 돌아보니 숨을 거두셨다고 합니다. 97년의 인생길을 이렇게 고요하고 평안하게 마무리하게 된 것도 큰 복이라 할 수 있습니다.

3년 전까지만 해도 주일 예배에 참석하실 만큼 육체적으로나 정신적으로 강하셨던 분입니다. 백내장 수술을 받으신 뒤 후유증으로 잠시 고생하셨고, 그 이후 여러모로 쇠약해지셔서 2년 정도 요양원에서 지내시다가 우리 곁을 떠나셨습니다. 지난 2년 동안 치매를 겪으셨지만, 돌아가시기 전까지 어느 정도의 기억은 남아 있었습니다.

권사님을 생각하면 몇 가지 이미지가 떠오릅니다. 가장 먼저 떠오르는 모습은 미소 짓는 얼굴입니다. 권사님은 늘 웃고 사셨습니다. 작은 체구지만 거침없이 활동하셨고 늘 환하게 웃으셨습니다. 강한 강원도 사투리와 억양으로 아주 빠르게 말씀하셨는데, 언제나 유머가 섞여 있었고, 듣는 사람들을 유쾌하게 만들어 주셨습니다. 권사님의 말씀을 듣고 있노라면 외모로는 상상조차 할 수 없는 높은 기상과 기백이 느껴졌습니다. 그분의 이야기에는 항상 좋은 일들만 담겨 있었습니다. 때로 당신이 겪으신 뼈아픈 이야기도 있었는데, 권사님은 그 아픈 이야기조차 웃으며 말씀하시고 감사로 결론지으셨습니다.

권사님이 어릴 시절이면 저희가 보기에는 호랑이 담배 피던 시절처럼 보입니다. 1918년, 그게 언제입니까? 그 시대에 권사님은 이화학당에서 신식 교육을 받으신 분입니다. 권사님에게는 그때의 경험이 가장 깊이 새겨졌던 것 같습니다. 치매로 기억이 다 사라졌는데도 처음 이화학당에 입학했을 때의 기억은 그대로 남아 있었습니다. 요양원으로 권사님을 뵈러 갈 때마다 늘 그 이야기를 하셨습니다.

강릉에서 서울로 올라와 이화학당에 입학했는데, 서울내기들이 당신을 우습게 보더랍니다. 키도 작고 지방에서 올라왔다니 그들 눈에는 무시해도 될 것이라고 생각했을 것이라고 하십니다. 그래서 "요 녀석들, 한번 맛 좀 봐라!" 다짐하고는 열심히 공부하여 학기말에 전체 수석을 하셨답니다. 그랬더니 서울내기들이 코가 납작해지더라고, 지금 생각해도 통쾌하다면서 웃으셨습니다. 그 이야기를 3분마다 한 번씩 반복하셨습니다. 반복할 때마다 맞장구를 쳐 드리면서 속으로 생각했습니다. "이것도 얼마나 큰 복인가? 불행했던 기억은 다 사라지고 당신 인생에서 가장 좋았던 시절만 기억하고 있으니!"

권사님은 문학소녀였습니다. 이화학당을 졸업하고 대학에 진학하여 문학도의 꿈을 펼치고 싶었는데, 가정 형편상 그 꿈을 접고 초등학교 교사로 일을 하셨습니다. 권사님은 그때 접은 꿈을 말년에 와서 이루셨습니다. 은퇴 후에는 워싱턴 여류수필가협회인 '포토맥 펜클럽'의 회원으로서 적지 않은 글을 쓰셨습니다. 권사님이 돌아가신 후에 그 글을 다시 읽어 보면서 "아, 이분이 어릴 적에 그 꿈을 계속 펼쳐나갔더라면 노천명 씨나 모윤숙 씨 같은 여류 작가로 기억되었을 텐데!" 하는 아쉬움을 느꼈습니다.

그러나 그것이 무슨 소용이겠습니까? "호랑이는 죽어서 가죽을 남기고 사람은 죽어서 이름을 남긴다"는 격언이 있지만, 역사의 한 페이지에 이름을 남긴다는 것이 얼마나 가치 있는 일인가요?

얼마 전, 브라질의 한 사업가가 자신의 인생에 대해 고백한 강연을 들을 기회가 있었습니다. 그는 50세 이전까지 성공을 위해 질주하던 사람입니다. 나이 50이 넘은 어느 날 공동묘지 앞에 서게 되었습니다. 묘지에 세워져 있는 비석들 사이로 걸어다니면서 비석에 새겨진 글들을 읽는 중에 갑자기 질문 하나가 떠올랐습니다. "나는 죽은 후에 무엇으로 기억될 것인가?" 그 생각을 하니 숙연해졌습니다. 그런 생각을 하면서 계속 걷고 있었는데 또 다른 질문이 떠올랐습니다. "왜 기억되어야 하는가?" 그 이후로 그는 역사에 기억되는 것을 위해서가 아니라 자신의 인생을 유익하게 사용하는 쪽으로 방향을 바꾸었다고 합니다.

그렇습니다. 기억되는 것이 뭐 그리 중요하겠습니까? 중요한 것은 얼마나 자신의 삶에 충실하게 살았느냐에 있습니다. 그것을 바울 사도는 '하나님께 기억되는 것'이라고 부릅니다. 그는 자신의 삶에 대해 고백하면서 "이름 없는 사람 같으나 유명하다"(고후 6:9)고 했습니다. 이 세상에는 이름을 남기지 않았으나 하나님은 자신의 이름을 기억해 주신다는 뜻입니다. 그의 삶의 목적은 세상에 이름을 남기는 것이 아니라 하나님의 뜻을 위해 자신의 모든 것을 사용하고 마침내 하나님의 품에 안기는 것이었습니다. '하나님의 뜻'이란 무엇이겠습니까? 그것은 '사랑'이라는 말로 요약할 수 있습니다.

권사님은 오직 사랑에 97년 인생을 모두 바치셨다고 할 수 있습니다. 권사님의 글에서 남편과의 달콤한 로맨스 이야기를 읽었습니다. 호랑이 담배 피울 적에 연애로 결혼을 하셨으니, 그것도 대단한 일입니다. 초등학교 교사로 근무하던 시절, 은행에서 일하면서 야구선수로 활동하던 남편을 만났습니다. 한창 마음이 달아오르던 중에 집안일 때문에 애인이 고향인 부산으로 내려갑니다. 그때 권사님은 거의 매일같이 연애편지를 쓰셨다고 합니다. 그 편지에 감동한 사람은 바로 시아버지였다고 합니다. 아들에게 "이렇게 너를 아끼고 사랑하는 여자라면 결혼해도 좋다"고 허락하셨다는 것입니다.

그렇게 결혼하여 딱 10년 동안 행복한 생활을 하셨습니다. 그 사이에 사남매를 얻으셨습니다. 그리고 불행하게도 그토록 사랑했던 남편을 한국전쟁 통에 먼저 보냈습니다. 그 이후로 권사님은 70년도 넘게 사랑하는 남편을 생각하면서 홀로 사셨습니다. 남편을 회고하는 글 "추억은 아름다워"에서 권사님은 당신의 아름다웠던 로맨스를 기억하면서 이렇게 마무리하십니다.

비명에 간 남편, 10년의 짧은 추억을 남기고 간 그이, 그래서 나는 연애도 재혼도 못하고 40여 년을 살아오고 있나 보다.

여성 혼자의 힘으로 사남매를 키운다는 것은 지금도 어려운 일이지만 과거에는 더욱 그랬을 것입니다. 우리로서는 상상도 할 수 없는 일입니다. 그런데 권사님은 그 작은 체구로 모든 일을 감당해 내셨습니다. 네 자녀를 키워내셨고 당신도 스스로의 힘으로 말년까지 사셨습니다.

권사님이 쓰신 글 중에 제 마음에 찡하게 와 닿은 것이 있습니다. "또 한 번의 충격"이라는 글입니다. 어릴 때부터 가까이 지냈던 친구에게서 카드를 받았는데, 그 카드에 이렇게 쓰여 있었다고 합니다. "나는 금년이 결혼 50주년이어서 아이들이 미국에서 나와 조촐한 축하연을 베풀어 주었고 또 선물로 두 주 동안 구라파 여행까지 하게 해 주었다. 고마움을 금할 길이 없었다." 이 글을 읽고 권사님은 충격을 받으셨다고 합니다. 권사님은 당시의 감정을 이렇게 술회하셨습니다.

읽는 동안 나는 충격을 받았다. 그 이상한 감정을 누르기가 힘들었다. 나도 몇 년 전에 미국 친구들과 같이 구라파 여행을 하였던 적이 있었다. 동갑인 우리는 같은 해에 결혼하여 어느덧 50년이 지났다. 금혼식 축하와 선물로 여행까지 한 친구를 축하하는 마음에 앞서, 같은 50년을 살았지만 그와 달리 나 혼자 살아온 40년이 억울하고 갑자기 쓸쓸함과 외로움이 엄습해 옴을 어쩔 수 없었다.

그 친구 분의 배려심이 아쉬웠습니다. 상처받을 사람 생각은 하지 않고 본인 자랑만 하셨으니 말입니다. 권사님이 느끼셨을 상실감을 능히 짐작하고도 남습니다. 그런데 그다음에 이렇게 쓰셨습니다.

그러나 다음 순간에 생각을 바꾸었다. 나의 한숨과 눈물을 거두어 주신 하나님께 매달려 살아온 지난 세월은 결코 불행한 시기가 아니었다. 젊음을 바쳐 일할 수 있는 직장을 주셨고 사랑하는 친구들을 갖게 하시어 격려와 도움 속에서 살 수 있었다. (중략) 아, 내게는 감사할 조건들이 너무도 많지 않은가!

이것이 권사님의 믿음이고 인격이며 삶의 태도였습니다. 권사님이 떠나신 후에 그분의 생애를 생각하며 기도하는 동안 오늘 읽은 요한일서의 말씀이 떠올랐습니다. 특히 4장 18절 말씀이 권사님의 일생을 설명한다 할 수 있습니다.

사랑에는 두려움이 없습니다. 완전한 사랑은 두려움을 내쫓습니다.

권사님 자신이 고백하셨듯이, 남편에 대한 그분의 사랑은 홀로 사는 것에 대한 두려움을 사라지게 만들었습니다. 또한 자녀들에 대한 그분의 사랑은 스스로 감당해야 할 모든 난관에 대한 두려움을 사라지게 만들었습니다. 하나님에 대한 그분의 사랑은 이 세상에서 겪을 수 있는 모든 종류의 두려움과 맞서게 해 주었습니다. 그리고 마지막으로 죽음을 두려움 없이 맞을 수 있게 해 주었습니다. 권사님은 늘 하나님 품을 그리셨습니다. 죽음을 마치 건넌방으로 넘어가는 문처럼 생각하셨습니다.

그렇기에 권사님은 누구보다 위대한 삶을 사셨습니다. 여류 문학가로 이름을 남기고 많은 책을 쓰신 것보다 결코 부족하지 않은 삶을 사셨습니다. 이 세상에는 유명하지 않으나 하나님에게는 유명한 사람으로 사셨습니다. 그것은 오직 그분의 마음속에 늘 뜨겁게 타오르던 사랑의 불 때문이었습니다.

그렇기에 어머니를, 할머니를 혹은 친구를 더 이상 볼 수 없어 안타까워하는 가족들에게 위로의 말씀을 드립니다. 권사님은 인생을 완주하셨고 거룩한 사랑의 흔적을 남기고 가셨습니다. 인간적인 관점으로 보자면 어려운 삶을 사셨지만, 권사님은 자신에게 주어진 몫에 자족하며 감사와 기쁨으로 사셨습니다. 한 사람의 행복은 그 사람이 가진 것에 비례하는 것이 아니라 그 사람이 누리는 감사와 기쁨에 비례합니다. 그렇게 본다면 권사님은 복된 삶을 사셨습니다. 아니, 스스로 복되게 만들며 사셨습니다. 그리고 마침내 그렇게도 바라시던 하나님의 품에 안기셨습니다. 그것으로 위로받으시고 감사하시기 바랍니다.

권사님을 추모하고 가족을 위로하기 위해 모이신 분들에게도 권면합니다. 권사님의 인생 여정을 통해 우리에게 남기신 유훈이 있다면 '사랑'입니다. 하나님을 사랑하고 이웃을 사랑하는 삶이 어떤 것인지 그리고 그 사랑이 어떤 기적을 만들어 내는지를 권사님의 삶을 통해 볼 수 있습니다. 부디, 저와 여러분의 남은 인생은 헛된 것을 위해 허둥대고 허비하지 않는 삶이길 바랍니다. 사랑의 힘으로, 사랑을 위하여, 사랑 때문에 살다가 그 사랑의 원천으로 돌아가는 귀한 인생이 되기를 기도합니다.

16장
쉴 곳 없는 마음

"주님은 저희를 주님의 것으로 만드셨습니다. 그렇기 때문에 주님께 돌아가기까지 저희의 마음은 안식을 찾을 수 없습니다."
—— 아우구스티누스

나는 새 하늘과 새 땅을 보았습니다.
이전의 하늘과 이전의 땅이 사라지고, 바다도 없어졌습니다.
나는 또 거룩한 도성 새 예루살렘이,
남편을 위하여 단장한 신부와 같이 차리고,
하나님께로부터 하늘에서 내려오는 것을 보았습니다.
그때에 나는 보좌에서 큰 음성이 울려 나오는 것을 들었습니다.
"보아라, 하나님의 집이 사람들 가운데 있다.
하나님이 그들과 함께 계실 것이요, 그들은 하나님의 백성이 될 것이다.
하나님이 친히 그들과 함께 계시고,
그들의 눈에서 모든 눈물을 닦아 주실 것이니,
다시는 죽음이 없고, 슬픔도 울부짖음도 고통도 없을 것이다.
이전 것들이 다 사라져 버렸기 때문이다."
—— 요한계시록 21:1-4

고인은 타고난 화가이셨다. 예술성과 창조성이 뛰어난 사람들이 그렇듯 고인도 반쯤 현실에서 떠나 사셨다. 자신의 작품 세계 안에 몰두하여 사셨기 때문에 현실 감각이 다소 부족한 편이었고 인간관계도 그리 좋지 않았다. 하나님에 대한 믿음은 있었으나 관계 문제로 인해 교회 활동은 거의 하지 않으셨다. 믿음의 공동체를 힘겨워하셨다. 이러한 까닭에 고별 설교가 힘들었다. 그러한 사실에 침묵하면서 무조건 좋은 말만 할 수도 없었다. 잘못하면 고인을 모독하는 것처럼 들릴 수 있었기 때문이다. 다행히 예배가 끝난 후 많은 이들이 공감하며 고마워했다.

오늘 우리는 갑작스럽게 우리 곁을 떠나가신 자매님의 고별 예배로 모였습니다. 오래전부터 류머티즘을 앓고 계신 것은 알았지만, 그래도 죽음과는 상당히 멀리 떨어져 계신 것처럼 보였기에 많은 이들이 충격을 받고 슬퍼하고 있습니다. 특별히 고인을 지극히 사랑하고 돌보셨던 남편 집사님의 슬픔은 다른 사람이 헤아리지 못할 것입니다.

3년 전에 남편은 후두암에 대한 방사선 치료 후유증으로 인해 약해진 턱뼈를 이식하는 수술을 받으셨습니다. 젊은 사람도 견뎌 내기 힘든 수술을 하시고 회복하기 위해 이를 악물고 아침저녁으로 걸으시는 것을 보았습니다. 나이 85세에 그 같은 수술을 받으시고 회복한다는 것은 기적 같은 일인데, 집사님은 깨끗하게 회복되었습니다. 한참 회복 중일 때 심방을 한 적이 있는데, 집사님이 그런 말씀을 하셨습니다. "병약한 우리 아내를 돌보려면 제가 건강해야 합니다. 그래서 기를 쓰고 노력하고 있습니다." 그런데 부인께서 이렇게 황망히 먼저 떠나셨습니다. 살아남아야 하는 목적이 사라진 듯한 공허감이 집사님에게 있을 줄 압니다. 하나님이 하늘의 위로로 텅 빈 마음을 가득 채워 주시기를 기도합니다.

개인적으로 오늘 처음 뵙습니다만, 딸을 먼저 보내는 친정어머니의 마음은 더 말해 무엇하겠습니까? 그 무슨 말로도 위로가 되지 않을 것입니다. 표현에 우둔한 저는 그저 하나님의 자비와 은총을 간구할 따름입니다.

제가 고인에 대해 잘 알지는 못하지만, 마음속에 많은 상처와 아픔을 지니고 사셨던 것 같습니다. 그로 인해 그분은 자주 사람들과 등지셨고, 한번 등지면 아무리 가까운 사람이라도 대면하지 않으려 했습니다. 그래서 고인을 기억하는 사람들은 대부분 '예민한 사람' 혹은 '까다로운 사람'으로 기억하고 있습니다. 하지만 그분에게는 자상하고 친절하며 고운 마음씨도 있었습니다. 제가 고인을 자주 뵙지는 못했지만, 그래도 만날 때마다 친절하고 따뜻하게 맞아 주셨던 것을 기억합니다.

하지만 가끔씩 태도가 돌변하고 냉담해지실 때가 있었습니다. 보통 사람들보다 지나친 면이 있어서 당황하는 사람들도 있었고 또한 그것 때문에 조심하는 사람들도 있었습니다.

고인에게 자상하고 친절한 면이 없었다면, 이 같은 태도를 달리 해석할 수도 있었을 것입니다. 하지만 고인이 보이신 상반된 태도를 생각해 보면, 내면에 어쩔 수 없는 상처와 아픔이 있었으리라는 것을 짐작할 수 있습니다. 때로 가까운 사람과 등지고 있는 동안 본인 자신은 얼마나 외롭고 힘드셨겠습니까? 하지만 마음에 엉킨 상처와 아픔이 그 마음으로 하여금 관계를 풀지 못하게 하고 분노를 품어 안게 만들었던 것입니다. 고인도 모든 사람을 품어 안으며 사랑하며 살고 싶으셨을 것이라고 저는 분명히 믿습니다. 다만 자신도 어쩔 수 없는 어둠이 있었던 것입니다.

가수 하덕규의 '가시나무'의 가사가 생각납니다. 그는 젊은 시절 하나님을 떠나 방탕한 삶을 살았습니다. 술과 마약을 도피처로 삼고 지내다가 주님의 품으로 돌아와 회복되었습니다. 믿음 안에서 자신을 새로이 세워 가는 중에 그는 다음과 같은 글을 쓰고 곡을 붙입니다.

> 내 속엔 내가 너무도 많아
> 당신이 쉴 곳 없네
> 내 속엔 헛된 바램들로
> 당신의 편할 곳 없네

내 속엔 내가 어쩔 수 없는 어둠
당신의 쉴 자리를 뺏고
내 속엔 내가 이길 수 없는 슬픔
무성한 가시나무 숲 같네

바람만 불면
그 메마른 가지
서로 부대끼며 울어대고
쉴 곳을 찾아 지쳐 날아온
어린 새들도 가시에 찔려 날아가고
바람만 불면
외롭고 또 괴로워
슬픈 노래를 부르던 날이 많았는데

내 속에 내가 너무도 많아서
당신의 쉴 곳 없네

무성한 가시나무 숲 같은 마음을 숨기고 조심조심 살아온 고인을 생각하면 참으로 마음이 아픕니다. 바람이 불어 마음 안에서 가시나무 가지들이 서로 부대끼며 울어댔을 텐데, 홀로 얼마나 힘들었을까 싶습니다. 홀로 감당해야 할 내밀한 아픔과 슬픔 때문에 다른 사람이 들어와 쉴 자리가 없었던 고인의 마음이 얼마나 외로웠을지, 저 같은 사람은 짐작이 되지 않습니다. 그래서 이 가수는 바람만 불면 외롭고 또 괴로워 슬픈 노래를 부르던 날이 많았다고 하는데, 고인은 바람이 불어 외롭고 또 괴로울 때면 슬픈 그림을 그리셨던 것 같습니다.

제가 와싱톤한인교회에 부임했을 때, 사무실에 그림 하나가 걸려 있었습니다. 저는 그림에 대해 잘 모르지만, 참 여러 가지를 생각하게 해 주는 그림이었습니다. 그래서 전임 목사님에게 "이 귀한 그림을 왜 그냥

두고 가십니까?"라고 여쭈었더니, "나한테 준 건가? 와싱톤한인교회 담임목사에게 준 것이지. 그냥 둬!"라고 답하셨습니다. 그래서 지금까지 그 방에 걸려 있습니다.

저는 이 그림에서 고인의 마음에 있던 어둠을 봅니다. 작은 창문, 창문을 반쯤 가린 커튼 그리고 그 안에 있는 짙은 어둠이 마치 고인의 마음을 그린 것 같습니다. 너무도 아름답고 평화로우며 고운 바깥 풍경이 그 어둠을 더욱 짙어 보이게 만듭니다. 파스텔 톤의 아름다운 풍경은 고인이 살고 싶은 세상을 그리신 것 같습니다. 비록 현실에서는 그런 세상을 보지 못하지만, 상상력으로 그런 세상을 그려내신 것이 아닌가 싶습니다. 자신의 내면에 있는 어둠을 걷어 버리고 그같이 아름다운 세상에서 살고 싶은 열망을 표현하신 것이라고 믿습니다.

모든 예술가는 어떤 면에서 예언자의 길을 가고 있다고 할 수 있습니다. 진정한 의미에서의 예언자는 미래의 일을 알아맞히는 사람이 아닙니다. 다른 사람들이 보지 못하는 것을 먼저 보고 그것을 다른 사람들이 보도록 돕는 사람이 예언자입니다. 예술가들 중에도 인간의 악마성을 표현하고 그것으로 다른 사람의 내면에 있는 악마성을 자극하는 사람들도 있습니다. 예술에 문외한인 제가 보기에도 현대미술이 점점 그런 쪽으로 흘러가는 것이 아닌가 싶어 아쉽습니다. 진정한 예술이란 모름지기 보통 사람의 눈에는 보이지 않는 거룩한 세상을 그려내고 현실에 눈 어두워진 사람들로 하여금 보이지 않는 그 세상을 보게 하는 도구라고 생각합니다. 그런 점에서 고인의 작품은 마음의 눈으로 보고 소망했던 세상을 표현하신 것이라고 생각합니다.

오늘 저는 요한계시록의 마지막 장면의 일부를 읽었습니다. 계시록을 쓴 장로 요한도 예언자였습니다. 현실에 코 박고 살아가느라 눈이 어두워진 사람들에게 보이지 않는 세계를 보게 한 사람입니다. 그는 하나님의 영의 감동과 계시를 통해 보통 사람의 눈에 보이지 않는 세계를 보았습니다. 그래서 이렇게 고백합니다.

나는 새 하늘과 새 땅을 보았습니다. 이전의 하늘과 이전의 땅이 사라지고, 바다도 없어졌습니다. (21:1)

장로 요한은 자신이 본 것을 글로 썼기에 오늘 우리가 그 말씀을 읽고 있습니다. 요한계시록은 현실이 아무리 엉망이어도 이 세상은 여전히 하나님 손에 있다는 사실을 알려 줍니다. 악한 자들이 권력의 칼을 휘두르고 의롭게 사는 사람들은 무력하게 당할 수밖에 없는 현실이지만, 그래도 결국 모든 것을 바로잡으실 분은 하나님이라는 사실을 말해 줍니다. 그러므로 비록 현실이 힘들고 어렵다 해도 보이지 않는 그 나라를 믿고 견디라고 격려합니다.

고인이 의식하든 의식하지 않았든, 고인의 작품들이 바로 그런 의미였을 것이라고 믿습니다. 현실에서는 도무지 찾을 수 없는 이상향을 그림으로 그려내면서 '혹시라도 이런 세상이 있다면 그곳에서 살고 싶다'고 마음으로 기도하셨을 것입니다. 지금 고인은 하나님의 품 안에서 그 세상을 누리고 계실 것이라 믿습니다. 그분이 아름다운 색깔로 표현하셨던 그 세상을 보면서 이렇게 말씀하시지 않을까요? "어머, 내가 상상하고 그렸던 세상과는 비교할 수가 없네!" 이제 고인은 평생 마음에 품고 살았던 그 어둠과 상처를 모두 하나님께 내려놓고 평생 한 번도 경험해 보지 못했던 안식과 평안을 누릴 것입니다.

제가 이렇게 분명하게 말씀드리는 이유가 있습니다. 저는 교우들의 임종을 대할 때마다 "하나님이 함께하신다는 사인을 보여 주십시오"라고 기도합니다. 표적을 구하는 신앙은 좋은 것은 아닙니다. 하지만 교우들의 임종을 지켜보면서 거의 예외 없이 하나님의 손길을 경험했기에 매번 그렇게 기도하며 기대합니다. 고인이 임종하시는 날, 오후 6시쯤 전화를 받고 병원에 찾아가 임종을 위한 기도를 드리고, 예수 그리스도의 보혈의 공로를 믿고 담대히 그 품에 안기라고 권면해 드렸습니다. 그러고는 집에 돌아와 새벽기도회 준비를 하고 10시 30분쯤 잠자리에 들었습니다.

마침 그날은 쉬는 날이어서 낮에 잠시 잠을 자 두어서 금세 잠에 들지 못했습니다. 누워서 잠을 청할 때면 다음 날 새벽 말씀을 묵상합니다. 그러던 중에 스르르 잠에 빠지고 있었습니다. 그런데 수면 상태로 빠지기 직전 무엇인가가 제 의식을 깨웠습니다. 한순간에 정신이 말짱해지면서 고인의 모습이 떠올랐습니다. 저를 사로잡았던 잠기운이 한 터럭도 남지 않고 종적을 감추었습니다. 저는 깊이 생각할 것도 없이 '아, 자매님이 가시려나 보구나. 가시기 전에 나에게 작별 인사를 하시려는 것이구나'라는 생각이 들었습니다. 그래서 속으로 '자매님, 평안히 가십시오'라고 인사를 했습니다. 그리고 다시금 평안히 잠을 청했습니다. 집사님에게서 자매님의 운명을 알리는 전화가 온 것은 그로부터 몇 분이 지났을 때의 일입니다. 그때 저는 '아, 집사님이 하나님 품에 안기셨구나' 싶었습니다.

그래서 저는 이 말씀으로 슬픔에 빠진 친정어머님과 사랑하는 남편 집사님을 위로해 드리고 싶습니다. 또한 고인과의 갑작스러운 이별로 인해 슬퍼하는 모든 이들에게 위로의 말씀을 드립니다. 고인은 지금 하나님의 품에 안겨 자신이 그렸던 세상과 하나님 나라를 비교하면서 '아, 인간의 솜씨가 얼마나 초라한가! 이 아름다운 세상을 어찌 인간의 손으로 표현할 수 있으랴?'라고 감탄하고 계실 것입니다.

아울러 이 자리에 오신 모든 조객에게 증언하고 싶습니다. 죽음을 수없이 지켜본 사람으로서 증언합니다. 지금 우리 눈에 보이고 손에 잡히는 것이 전부가 아님을 증언합니다. 인간이 단순한 세포 덩어리가 아님을 증언합니다. 목숨이 생명의 전부가 아님을 증언합니다. 인간의 생명과 죽음에는 실험실에서 확인할 수 있는 것보다 더 깊고 높고 신비한 차원이 있음을 증언합니다. 겸손히 그러나 의심 없이 증언합니다.

이 증언을 깊이 생각해 보시기를 청합니다. 저의 이 증언을 듣고 고인이 이렇게 말씀하실 것 같습니다. "목사님, 제 죽음을 통해 제가 보는 이 세상을 증언하게 되어서 참 기쁩니다."

주님의 은혜가 여러분 모두에게 함께하기를 기도합니다.

닫는 묵상
내가 사는 이유

"오, 주님, 주님의 손이 저를 깨뜨리십니다. 하지만 저는 행복합니다. 주님이 하시는 일이기 때문입니다."
—— 장 칼뱅의 마지막 말

고난을 당한 것이,
내게는 오히려 유익하게 되었습니다.
그 고난 때문에,
나는 주님의 율례를 배웠습니다.
—— 시편 119:71

이 설교는 2011년 9월 전립선암 수술을 하고 회복한 다음 2개월 만에 강단에 복귀하면서 행한 첫 설교다. 암 진단과 그 이후의 과정 중에 느낀 점들을 나누었는데, 교우들이 깊은 공감을 보였다. 오랜 시간이 지난 후에도 여전히 이 설교를 기억하고 있는 교우들이 적지 않다.

암 진단을 받고

사랑하는 교우 여러분, 이렇게 건강한 모습으로 여러분 앞에 서서 다시 말씀을 전하게 되어 감사합니다. 저의 수술과 회복을 위해 기도해 주신 모든 교우님께 감사를 드립니다. 여러분의 사랑과 기도 덕택에 수술이 잘 되었고 회복 또한 순조롭고 빨랐습니다. 뿐만 아니라 모처럼 제 자신과 주변을 돌아보는 휴식 시간까지 가질 수 있었습니다. 그동안 제 빈자리를 채워 주신 목사님들께 그리고 사랑으로 저를 기다려 주신 모든 교우님께 마음 깊이 감사드립니다.

저는 오늘 암과 함께 지낸 지난 8개월 동안에 느끼고 깨달은 것들

중 일부를 말씀에 비추어 은혜를 나누려 합니다. 사실 이런 설교를 하는 것에 대해 많이 망설였습니다. 암 중에서도 전립선암은 가장 쉬운 편에 속하는데, 수술 한 번 받고는 거기에 대해 무슨 말씀을 드린다는 것이 수년간 항암 치료를 하면서 지루한 싸움을 하시는 분들에게 죄송한 일처럼 느껴졌기 때문입니다. 그래서 아무 일 없었다는 듯 지나갈까도 생각했습니다.

이렇게 용기를 낸 이유는 제가 겪은 것이 다른 분들이 겪은 것과 비교하면 경미할 수 있지만, 모든 질병에는 그 나름의 무게가 있는 법이며, 제 이야기가 앞으로 어려움을 당할 분들에게 도움이 될 수도 있겠다고 믿기 때문입니다.

작년 12월 10일, 전립선에서 암이 발견되었다는 의사의 진단을 받고 한동안 당황스러웠습니다. 저는 암과 상관없으리라고 생각했기 때문이 아닙니다. 암이 감기처럼 흔한 시대에 살면서 그렇게 기대하면 큰 코다치는 것을 알고 있었습니다. 얼마 전 뉴스를 보니, 한 사람이 일생 동안 살면서 암을 한 번이라도 겪을 확률이 삼분의 일이라고 합니다. 또한 암은 이제 불치병이 아니라 만성질환으로 분류해야 한다고 말하기도 합니다. 그만큼 흔해졌고, 그만큼 치료도 잘 된다는 것입니다.

암 진단 결과에 제가 당황스러웠던 이유는 따로 있었습니다. 교우들에게 끼칠 걱정 때문이었습니다. 목사가 교우들의 걱정을 덜어 주어야지, 교우들에게 걱정거리를 제공해서야 되겠습니까?

그 이후로 암의 존재를 받아들이고 소화하는 데 여러 날을 보냈습니다. 그것을 받아들이는 과정에서 가장 큰 도움이 되었던 것은 기도와 말씀 묵상이었습니다.

이 문제를 두고 기도하면서 가장 먼저 행한 것은 '회개 기도'였습니다. 바울 사도의 말씀대로, 우리 몸은 하나님의 영이 거하는 거룩한 성전입니다. 그 성전을 제가 학대하고 오용하여 암에 대한 면역력에 문제가 생겼으니 마땅히 회개해야 할 일이었습니다. 저는 설교 중에 자주 "거룩한 성전인 우리의 몸을 잘 섬기십시다"라고 말씀드렸습니다. 하나님께도 송구스럽고, 교우들에게도 부끄러웠습니다. 그래서 오랜 기간 회개 기도를 올렸습니다.

회개 기도를 올리고 난 다음에는 감사 기도가 나왔습니다. 두 가지 점에서 감사했습니다.

첫째, 제가 몸을 학대하고 있다는 사실을 너무 늦지 않게 깨달을 수 있게 된 것에 감사했습니다. 사실, 몇 년 전부터 무리할 때마다 가끔 "아, 이러다가 무슨 일 나지"라는 생각을 했습니다. 하지만 그때마다 다음과 같은 생각이 저를 설득했습니다. "내 나이에 누군들 이렇게 살지 않으랴! 교인들도 이렇게 숨차게 살고 있을 텐데, 그분들을 섬긴다는 내가 어찌 몸을 사릴 수 있으랴!" 이런 생각으로 계속 달렸습니다. 하나님이 보시기에 제게 좀더 심각한 경고가 필요했던 모양입니다. 그런 점에서 보면, 암을 발견한 것은 제게 복이었습니다.

이 문제를 두고 감사 기도를 드린 또 다른 이유가 있습니다. 암 진단을 받고 나서 아내가 이런 말을 한 적이 있습니다. "당신이 그동안 책

쓰느라 그리고 주일마다 설교 준비하느라 책상에 앉아서 지치도록 진을 빼곤 했으니 그런 게 생기지 않고 배기겠어요?" 아내의 판단이 전적으로 옳다고 믿지는 않습니다. 하지만 만일 제가 말씀을 온전히 전하기 위해서 매주 해산의 수고를 한 것이 이 질병을 가져왔다면, 한편으로는 감사할 일입니다. 그것은 주님을 위해 제 몸에 얻은 '거룩한 상흔'일 수 있기 때문입니다.

박지성 선수의 발은 흉하게 일그러져 있다고 합니다. 유도 선수나 레슬링 선수들은 귀가 흉하게 일그러져 있습니다. 피나는 훈련의 결과 그렇게 된 것입니다. 발이 뒤틀리고 귀가 일그러지는 것을 염려한다면 좋은 선수가 될 수 없습니다. 만일 제가 진리의 말씀을 전하기 위해 수고하고 애썼기 때문에 제 몸에 어떤 흔적이 생긴 것이라면, 저는 그 흔적을 마다하지 않겠습니다. 제 일을 적당히 하면서 몸 성히 살기보다는 몸에 흔적이 남더라도 전력투구를 해야 옳다고 믿습니다. 적어도 육신이 전부가 아니요 이 세상이 전부가 아니라고 믿는 사람이라면 마땅히 그렇게 믿고 그렇게 살아야 한다고 믿습니다.

삶의 목적

오늘 저는 두 가지 주제에 대한 묵상을 나누려고 합니다. 첫째 주제는 '삶의 목적'에 관한 것입니다.

암 진단을 받고 잠시 죽음에 대해 생각하게 되었습니다. 전립선암을 선고받고 죽음의 가능성 앞에서 두려워 떠는 것은 마치 감기에 걸렸을 때 그것 때문에 죽을까 두려워 떠는 것과 별로 다르지 않습니다. 미국의 한 통계에 의하면, 매년 감기로 죽는 사람이 약 3-5만 명인데, 전립선암으로 사망하는 사람이 매년 3만 명 정도라고 합니다. 전립선암으로 인해 죽음에 대한 두려움에 빠져 허우적거리는 것은 허깨비를 보고 놀라는 것과 다름없습니다.

하지만 '암'이라는 단어가 주는 무게가 있습니다. 죽음에 대한 두려움에 빠져 허우적거리는 것은 어리석은 일이지만, 잠시나마 죽음을 '나 자신의 문제'로 생각하는 것은 유익한 일입니다. 그 감정을 회피할 것이 아니라 진지하게 씨름해 볼 필요가 있다고 생각합니다. 죽음에 대해 제대로 준비되었을 때, 삶에 대해서도 바른 자세를 가질 수 있기 때문입니다. 전도서는 이렇게 말합니다.

초상집에 가는 것이 잔칫집에 가는 것보다 더 낫다.
살아 있는 사람은 누구나 죽는다는 것을 명심하여야 한다. (7:2)

"내가 죽는다"고 생각하니 두 가지 감정이 제 마음에 들어찼습니다. 첫째, 두려움은 없었으나 아쉬움이 느껴졌습니다. 아마도 저는 지금까지의 삶에 대해 꽤 만족하고 있었던 것 같습니다. 이제까지 경험하고 살아온 모든 것을 더 이상 보고 느끼고 믿지고 누릴 수 없다고 생각하니 아쉬웠습니다. 사랑하는 사람들을 더 보고 싶고, 지금 하고 있는 일을 좀더 하고 싶었습니다. 때로는 그동안 제 기억에 저장되었던 수만 장의 슬라이드가 돌아가면서 제 마음에 야릇한 향수를 불러일으켰습니다. 그 모든 것들을 다시 볼 수 없다는 것이 아쉬웠습니다. 그 아쉬움이 커가는 만큼 이 땅에서 제게 주어진 모든 것이 참으로 소중해졌습니다. 삶이 얼마나 귀한 선물인지를 다시금 깨닫게 되었습니다.

둘째, 사랑하는 사람들에 대한 염려가 제 마음에 들어찼습니다. 만일 내가 죽는다면 사랑하는 사람들이 얼마나 어려울까 싶었습니다. 연로하신 부모님에 대한 걱정, 저를 많이 의지하고 사는 아내에 대한 걱정, 아직 아버지의 자리가 필요한 아이들에 대한 걱정 그리고 저를 사랑하고 의지하는 교우들에 대한 걱정이 마음에 들어찼습니다. 내가 없어지면 많은 이들의 마음에 커다란 구멍이 생길 것 같았습니다.

길지는 않았지만, 저는 이 두 가지 감정을 붙들고 씨름했습니다. 이 감정의 정체가 무엇인지 곰곰이 따져 보았습니다.

아뿔싸! 그것은 제 믿음이 충분하지 못하다는 증거였습니다. 놓고 가야 하는 것들에 대한 아쉬움은 죽음 이후에 볼 세상에 대한 기대감이 그만큼 약하다는 증거였고, 사랑하는 사람들에 대한 염려는 그들이 '내 사람들'이 아니라 '하나님의 사람들'이라는 사실을 충분히 믿지 못하는 데서 온다는 것을 알았습니다. 그래서 저는 마땅히 닿아야 할 지점까지 가지 못한 저의 믿음의 뿌리를 보고 반성하고 참회하고 간구했습니다.

죽는 것도 유익하다

이 시기에 기도 중에 가장 자주 암송하고 묵상한 말씀이 빌립보서 1장 21절입니다.

나에게는, 사는 것이 그리스도이시니, 죽는 것도 유익합니다.

이 말씀은 바울 사도가 로마의 감옥에서 처형을 기다리면서 쓴 신앙 고백입니다. 오늘 당장이라도 끌려 나가 참수당할 상황에서 그는 이렇게 말하고 있는 것입니다. 워낙 함축적인 말씀이므로 의역을 해 보면 이렇습니다.

나의 삶의 목적은 예수 그리스도와 하나가 되어 그분의 뜻을 행하며 그분을 영화롭게 하는 데 있습니다. 그렇기 때문에 죽는 것이 두렵지 않습니다. 죽음으로써 나는 예수 그리스도와 완전히 하나가 될 것이며, 그분과 함께 더 왕성하게 일할 것이기 때문입니다.

저는 이 말씀을 수없이 암송하며 묵상하고 기도하면서 제 삶의 목적이 바울 사도처럼 예수 그리스도와 하나가 되는 데 있기를, 그분의 뜻을 이루고 그분을 영화롭게 하는 데 있기를 기도했습니다. 그 같은 열망이 강하다면, 죽음으로 인해 놓고 가야 할 것들을 아쉬워하지 않을 것입니다. 만일 삶의 목적이 건강하게 오래오래 사는 데 있다면, 죽음은 재앙이 될 것입니다. 삶의 목적이 출세하고 성공하는 데 있다면, 죽음은 완전한 실패가 될 것입니다. 자식 잘 되는 것을 보는 것이 삶의 목적이라면, 죽음은 불행이 될 것입니다. 죽음으로 인해 그 모든 것을 내려놓아야 하기 때문입니다.

삶의 목적이 예수 그리스도와 하나가 되어 그분이 드러내신 하나님 나라를 위해 사는 것에 있다면, 죽음은 결코 재앙도, 실패도, 불행도 아닙니다. 어떤 사람은 자신의 가족을 지키기 위해 목숨을 내던집니다. 어떤 사람은 조국을 위해 목숨을 바칩니다. 우리가 생명을 바칠 대상은 영원한 하나님 나라입니다. 이 땅에서 하나님 나라를 찾고 그 나라를 드러내기 위해 사는 것입니다. 그 나라가 삶의 목적이 된다면, 사는 것에 진정한 의미가 깃듭니다. 그 나라가 삶의 목적이 된다면, 죽는 것이 두렵지 않습니다. 죽음은 그 영원한 나라에 이르는 통로이기 때문입니다.

하나님 나라를 위해 산다는 말은 얼른 들으면 아주 모호한 말입니다. 직장에서 하나님 나라를 위해 살려면 어떻게 해야 합니까? 사람들은 대개 자신의 직업을 가족 부양의 수단으로만 생각합니다. 어떤 사람들은 치부 수단으로 생각하고, 또 어떤 사람들은 출세 도구로 삼습니다. 사회에 공헌하기 위한 통로로 생각하는, 수준 높은 사람들도 있습니다. 하지만 예수 그리스도를 믿는 사람들은 자신의 직업을 하나님 나라의 관점으로 봅니다. 자신의 직업을 통해 부를 쌓거나 명예를 탐하거나 가족을 부양하는 것에 일차적인 목적을 두지 않습니다. 자신의 직업을 통해 하나님 나라가 드러나고 그 나라의 정의가 이루어지는 것에 목적을 둡니다. 무슨 일을 하든지 그 나라에 미칠 영향을 생각하면서 행하려고 노력합니다.

"나에게는, 사는 것이 그리스도이시니, 죽는 것도 유익합니다"라고 고백하는 사람은 보이지 않는 하나님 나라를 바라보면서 보이는 이 세상을 살아가는 사람입니다. 그렇게 살아가는 사람만이 이런 고백을 할 수 있습니다. 우리에게 두 눈이 주어진 것은, 한쪽 눈으로는 하나님 나라를 보고 다른 쪽 눈으로는 이 세상을 보라는 뜻이 아닌가 싶습니다. 우리 눈이 떴다 감았다 하도록 만들어진 것은, 보이는 세상에 눈을 감고 보이지 않는 하나님 나라 보기를 반복하라는 뜻이 아닌가 싶습니다. 감은 눈으로 하나님 나라를 보고, 뜬 눈으로 이 세상을 살라는 뜻일 것입니다. 그렇게 살아가는 사람이라면, 죽음이 문제가 아닐 것입니다. 죽음은 이 땅에서 사는 동안에 마음 다해 사모하고 헌신했던 그 하나님 나라에 이르는 과정이기 때문입니다.

이 세상에 있는 동안 하나님 나라를 보고 그 나라를 위해 산다면, 죽음을 대면하여 사랑하는 사람들에 대한 염려와 걱정에 붙들리지 않을 것입니다. 내 사랑하는 사람들은 나에게 속한 사람들이 아니라 하나님에게 속한 사람들임을 알기 때문입니다. 내 사랑하는 사람들이 진실로 행복할 때는 내가 그들의 기둥이 되어 줄 때가 아니라 하나님 나라를 발견하고 하나님의 자녀가 되어 그 나리를 위해 살아갈 때임을 알기 때문입니다. 내가 죽는 것이 하나님의 뜻이라면, 내 사랑하는 사람들에게도 하나님이 뭔가 뜻을 가지고 계실 것임을 믿기 때문입니다. 하나님 나라에 이르면 사랑하는 사람들을 더 이상 보지 못하게 되는 것이 아니라, 지금까지와는 전혀 다른 방법으로 보게 될 것임을 믿기 때문입니다.

인간의 존엄성은 어디에서 오는가?

두 번째로 말씀드리려는 주제는 '인간의 존엄성'에 관한 것입니다. 저에게 암 진단을 전해 준 의사가 제게 첫 번째로 던진 말이 있습니다. "This is not a life-threatening issue. It is a quality-of-life issue" (이것은 죽고 사는 문제가 아닙니다. 삶의 질에 관한 문제일 뿐입니다). 수술로 전립선을 제거하거나 방사선으로 치료하는 과정에서 주변에 있는 신경을 손상시키는 일이 발생할 수 있고, 그럴 경우 몇 가지 심각한 후유증을 겪을 수 있습니다. 가장 심각한 후유증은 소변을 완전히 통제하지 못하는 '요실금'입니다. 의사는 어떤 치료를 선택하든 이 같은 후유증은 일어날 수 있으며 그로 인한 불편을 평생 겪어야 할 수도 있다고 만날 때마다 경고했습니다.

적지 않은 기간 동안 저는 이 문제로 인해 고민했습니다. 아직도 한참 활동해야 할 나이에 매일같이 이 같은 불편을 참으며 살아야 한다는 사실이 받아들여지지 않았습니다. 의사의 말대로 삶의 질이 현저하게 떨어질 것 같았고, 또한 인간의 존엄성에 큰 손상이 생길 것 같았습니다. 마음 같아서는 깨끗하게 수술을 하고 싶었는데, 제 주치의는 이 고민을 전혀 덜어 주지 않았습니다. "제 경우에는 수술을 한다면 후유증이 생길 확률이 얼마나 되겠습니까?"라고 물어보면, 방어적인 태도로 "그건 언제나 일어날 수 있습니다"라고 대답하곤 했습니다. 결국 저는 후유증이 상대적으로 적은 방사선 치료를 할 생각을 하고, 아직 초기 상태이므로 기도와 운동과 식이요법으로 몇 달 동안 조절해 보기로 했습니다.

6개월 정도가 지나서 다시 검사를 해도 별다른 변화가 없어 보였습니다. 제 상태를 아신 교우님들은 왜 치료를 하지 않느냐고 불안해하셨습니다. 저는 더 이상 미뤄서는 안 되겠다고 생각했습니다. 그러던 중 어느 교우님이 로봇 수술에 뛰어난 의사가 있으니 한번 만나 보라고 권해 주셨습니다. 담당 의사가 지나치게 방어적인 태도로 임했기 때문에 다른 의사를 만나볼까 생각하던 참이었습니다. 새로 만난 의사는, 후유증의 가능성은 언제나 있지만 제 상태에서는 그럴 가능성이 매우 낮다고 안심시켜 주었습니다. 특별한 변수가 일어나지만 않으면 수술 후 몇 주 안에 정상적으로 회복될 것이라고 했습니다.

그 만남 후에 저는 최종 결정을 두고 며칠 동안 기도의 힘을 모았습니다. 그동안 생각했던 방사선 치료를 받을지 아니면 새로운 의사에게 수술을 받을지를 두고 기도하며 마음을 정하기로 했습니다. 그렇게 기도하던 중 그동안 제 마음을 칭칭 동여매고 있던 끈들이 한꺼번에 잘려 사라지는 듯한 경험을 했습니다. 두 가지 생각이 제 마음에 들어차면서 그 같은 변화가 일어났습니다.

첫째, 기도하는 중에 문득 이런저런 장애와 질병과 아픔을 끌어안고 살아가시는 교우들이 생각났습니다. 어떤 분은 교통사고로 인해 척추를 다쳐 한순간 전신에 대한 통제력을 잃으셨습니다. 어떤 분은 오래전 뇌졸중으로 인해 몸 한쪽에 대한 통제력을 잃으셨습니다. 실명 가능성을 인정하고 나빠지는 시력을 붙들기 위해 노력하는 분도 계시고, 늘 산소호흡기를 들고 다녀야만 하는 분도 계십니다. 육체적 혹은 정신적 장애를 가진 배우자나 자녀로 인해 마음이 시커멓게 타들어간 분이 한둘이 아닙니다.

기도 중에 그런 상태에 있는 분들이 한꺼번에 떠오르면서 제가 얼마나 사치스러운 고민에 붙들려 있었는지 깨닫게 되었습니다. 그분들에게 부끄러웠습니다. 하나님께도 부끄러웠습니다. 그분들을 섬기는 목사가 그분들의 장애에 비하면 턱없이 작은 장애의 가능성을 두고 고민하고 있다는 것이 부끄러웠습니다.

둘째, 거의 같은 시간에 저의 마음에 들어찬 또 다른 생각이 있었습니다. 나에게 장애가 온다 해도 그것을 믿음으로 잘 받아들이면 그 장애는 나를 더욱 깊어지게 할 것이며, 지금껏 내가 보지 못한 인생의 새로운 차원을 보게 할 것이기에 그것은 장애와 비교할 수 없는 복이 될 것이라 생각했습니다. 물론, 이전에도 그러한 사실을 알고 있었고, 그렇게 설교하기도 했습니다. 믿음으로 받으면, 모든 고난에는 복이 숨겨져 있다는 것을 알았습니다. 다만 저 자신에게 일어날지도 모를 아주 작은 장애의 가능성 앞에서 이 진리를 인정하게 되었습니다. '몰로카이 섬의 성자' 다미안 신부는 한센병 환자들을 섬기면서 그 자신도 한센병에 걸리는 것을 기꺼이 받아들였던 것이 생각나면서 장애에 대한 염려가 사라졌습니다.

창세기에 나오는 야곱은 얍복 나루에서 하나님의 천사와 씨름을 하다가 환도뼈가 어긋나서 그 이후로 죽을 때까지 다리를 절었습니다. 다리를 저는 상태가 얼마나 심했는지 알 수 없지만, 그것은 야곱에게 아주 큰 불편을 주었을 것입니다. 위풍당당하게 살던 야곱이 그 밤 이후로는 초라한 노인으로 변했을지 모릅니다. 하지만 성경은 절룩거리며 얍복 강을 건너는 야곱에게 "해가 솟아올라서 그를 비추었다"(창 32:31)고 합니다. "해가 솟아올라서 그를 비추었다"는 말은 야곱에게 새로운 시대가 열렸다는 뜻입니다. 육신에는 장애가 생겼지만, 하나님과의 관계에는 새로운 세계가 열린 것입니다. 아마도 야곱은 때로 아픈 다리와 허리를 주무르면서 얍복 나루에서 있었던 일을 생각하곤 했을 것입니다. 비록 그로 인해 얻은 장애가 불편했으나 그로 인해 얻은 영적 축복을 생각하면 절로 감사가 터져 나왔을 것입니다.

수술 후에

이 두 가지 생각은 제 마음에 무한한 사유를 주었습니다. 만일 생길지도 모를 후유증에 대한 걱정에서 한순간에 해방되었습니다. 만일 그런 일이 일어난다면, 기쁘고 감사하게 받을 마음이 생겼습니다. 장애가 주어진다면 그것으로 인해 얻게 될 영적인 복이 어떤 것일지 기대가 되기도 했습니다. 제가 지금 온전하게 회복되고 있어서 이렇게 말씀드리는 것이 아닙니다. 수술하기로 결정한 날, 아내에게 이러한 마음을 고백했습니다. 제 고백을 들은 아내는 이제야 자신도 마음 놓고 수술을 기다릴 수 있겠다고 대답했습니다.

저는 "장애만이 아니라 죽음이 온다 해도 감사할 터이니, 하나님이 알아서 하십시오"라고 기도하고 수술에 임했습니다. 수술이 끝난 후, 의사는 아내에게 찾아와 수술이 아주 잘 되었다고 축하해 주었습니다. 그리고 얼마 후 회복실에서 정신을 차릴 즈음, 100년 만의 지진이 워싱턴을 뒤흔들었습니다. 저는 침대 위에 누워서 흔들리는 천장을 보며 '저 천장이 무너지면 나는 꼼짝없이 여기서 이렇게 죽겠구나'라고 생각했습니다. '죽어도 좋다고 말씀드렸더니, 수술 잘 받게 하시곤 이렇게 죽게 하시려나? 하지만 그러면 어떠랴! 주님 품에 안기는 것인데'라는 생각도 했습니다. 그러는 사이에 지진은 멈추었습니다.

수술 이후 회복 과정에서 참으로 많은 것을 겪으면서 여러 가지 생각이 들었습니다. 특히 신체적 장애를 잠시 겪으면서 인간의 존엄성에 대한 생각을 많이 했습니다. 수술 후 약 한 주 동안 소변 주머니를 착용했고, 2주 정도 요실금으로 인해 패드를 차고 살아야 했습니다. 잠깐이지만 그 같은 불편을 겪으면서 장애를 짊어지고 사는 것이 어떤 것인지 잠시나마 경험할 수 있었습니다. 신체 일부가 자신의 의지대로 통제되지 않는 것이 얼마나 큰 좌절을 불러일으키는지, 당연시했던 신체 일부가 제대로 기능하지 않을 때 그 심리적인 파괴력이 얼마나 큰지를 경험했습니다.

이 과정에서 저는 장애를 짊어지고 사는 교우들에 대해 무한한 존경심을 갖게 되었습니다. 저는 잠시 동안 겪으면 곧 정상으로 회복될 수 있는 상태이지만, 회복될 수 없는 장애를 짊어지고 사시면서도 그 장애에 짓눌리지 않고 꿋꿋이 살아가시는 분들을 깊이 존경하게 되었습니다. 휠체어에 몸을 의지하고 예배에 다녀가시면서 던지는 그 미소가 얼마나 많은 눈물과 한숨과 기도로 만들어진 것인지를 알 수 있었습니다. 소변 주머니를 달고 살아야 하는 상태에서도 깔끔하게 자신을 관리하고 밝은 미소로 사람을 대하는 것이 얼마나 깊은 영적 내공을 필요로 하는지를 알았습니다. 치료되지 않는 질환으로 인해 때로 차라리 죽는 것이 더 낫겠다고 생각할 만큼 지독한 통증을 겪으면서도 수줍게 웃으면서 "견딜 만합니다"라고 대답하셨던 것을 생각하니 콧날이 시큰해졌습니다. 살고 싶은 이유가 하나도 없어 보이는데도, 아침이 되면 또다시 일어나 말끔히 옷을 차려입고 하루를 시작하는 것이 얼마나 대단한 일인지를 깊이 깨닫게 되었습니다.

인간의 존엄성은 정신과 신체가 온전해야만 지켜지는 것이라고, 얼마나 많은 분들이 오해하고 사는지 모릅니다. 그래서 자신의 신체나 정신에 작은 손상이라도 생기면 마치 생이 끝난 것처럼 절망하거나 숨어버립니다. 하지만 인간의 존엄성은 신체와 정신이 온전히 보전되는 데 있는 것이 아니라, 장애가 생기고 또 다른 문제가 생겼더라도 그것에 짓눌리지 않는 인간의 정신에 있습니다. 웬만한 사람이라면 그 장애와 고난에 짓이겨졌을 상황에서 수정같이 빛나는 미소를 지을 수 있는 내적 힘을 볼 때 우리는 인간이 존엄하다고 말하는 것입니다. 그것이 바로 하나님이 우리를 만드실 때 주신 그분의 형상이 아닐까요?

한국이나 미국처럼 잘사는 나라에 사는 사람들이 자주 착각하는 것이 있습니다. 잘하면 질병이나 장애 없이 오래도록 살 수 있을지 모른다는 기대감을 갖는 것입니다. 의학기술과 과학 문명이 고도로 발전하다 보니 아무런 질병이나 재앙이 없는 삶을 꿈꿉니다. 때로는 아예 늙지 않는 삶까지 꿈을 꿉니다. 그러다 보니 질병은 무조건 안 좋은 것이고, 장애는 언제나 재앙이며, 늙는 것은 불행한 것이라고 믿습니다.

그러나 병에 걸리는 것과 늙는 것 그리고 때로 장애를 입는 것은 육신을 입고 사는 사람에게는 언제나 일어날 수 있는 일로서 어찌 보면 당연한 인생의 질서입니다. 우리는 할 수 있는 대로 하나님의 거룩한 성전인 우리 몸을 잘 지켜 건강하게 살도록 힘써야 하지만, 피할 수 없는 질병과 장애 혹은 노화가 올 때 그리고 마침내 죽음 앞에 설 때, 그것을 하나님의 뜻으로 받아들이고 순명할 수 있어야 합니다. 그런 것들을 거부하는 것이 좋은 믿음이 아니라, 그런 것들을 온전히 받아들이는 것이 좋은 믿음입니다.

제가 좋아하는 테이야르 드 샤르댕(Teilhard de Chardin)의 기도를 읽어 드립니다.

몸에 하나둘 나이 먹은 흔적이 생길 때,
그리고 이 흔적들이 내 마음을 흔들어 놓을 때,
나를 조금씩 움츠러들게 하고 쇠약케 하는 질병이 몸 안팎에서 생겨날 때,
나도 병들고 늙어 간다는 사실을 문득 깨달으며 두려움 속에 빠져들 때,
그리고 무엇보다도 나를 만들어 왔던,
알지 못하는 위대한 힘들의 손길 안에서
자신을 잃어 가고 있으며
속수무책으로 당할 수밖에 없다는 것을 마침내 느낄 때!
오 이 모든 암울한 순간에,
오 하나님, 저로 하여금 알게 하소서.
그 모든 것은 바로 하나님께서 제 존재의 중심으로 들어와
저를 하나님께로 데려가기 위해 저를 조금씩 분해시키는 과정임을!
그 과정에서 하나님께서도 저만큼이나 아파하고 계시다는 것을!

고난당한 것이 유익이라

암 진단을 받고 한동안 하나님의 기적적인 치유를 위해 기도한 적이 있습니다. 의술을 통한 치료도 하나님이 주시는 치료임을 믿지만, 하나님께 진지하게 기도하지 않고 곧바로 의학 치료로 가는 것은 하나님을 믿는 사람이 취할 태도가 아니라고 생각했습니다. 바울 사도가 자신의 지병을 위해 세 번 간절히 기도하고 나서 그 질병과 함께 살았다고 말

한 것처럼, 저도 몇 번은 마음 다해 하나님의 치유를 구해야 마땅하다고 생각했습니다. 하지만 하나님은 허락하시지 않았습니다.

얼마 전, 그런 생각이 들었습니다. '만일 하나님이 기적적인 치유를 허락하셨다면, 이 많은 경험과 깨달음은 없었겠지? 하나님이 내 기도에 응답하지 않은 이유가 여기에 있었나?'

오래전, 한 히브리 시인은 이렇게 노래했습니다.

고난을 당한 것이,

내게는 오히려

유익하게 되었습니다.

그 고난 때문에,

나는 주님의 율례를 배웠습니다.

(시 119:71)

저는 시인이 왜 이렇게 고백했는지 그 말씀의 깊이를 조금 이해하게 되었습니다. 하나님과 함께 고난을 끌어안고 살아갈 때, 고난은 더 이상 고난이 아닙니다. 고난은 상상할 수 없는 보화를 담고 있습니다. 시인은 그것을 경험하고 나서 이렇게 고백했습니다. 제가 겪은 것은 고난이라는 이름을 붙이기에도 부끄러운 것이지만, 이 귀한 진리를 한 조각이라도 볼 수 있어서 감사할 따름입니다.

이제 정상적인 생활로 복귀하면서 저는 모든 것에 감사할 따름입니다. 교우님들의 사랑 어린 기도에 감사드립니다. 하나님이 주신 많은 복에 감사드립니다. 잠시 동안이지만 저를 무력하게 만드시어 교우들의 아픔을 알게 하시고, 좀더 깊이 교우들의 아픔을 이해하도록 해 주신 것에 감사드립니다. 어떤 의사가 다음과 같이 말씀하시는 것을 들었습니다. "내가 심하게 앓아 수술을 받은 이후로 나는 더 이상 같은 의사가 아니었습니다." 저도 더 이상 같은 목사가 아니기를 기도합니다.

부디 저와 여러분 모두의 삶의 방향이 예수 그리스도, 그분이 우리에게 열어 주신 하나님 나라로 곧게 향하기를 기도합니다. 그로 인해 죽음도 두려워하지 않는 참된 신앙에 이르기를 기도합니다. 하나님의 영원한 나라를 보고 사는 사람답게 이 땅에서 그 어떤 고난과 질병과 장애와 아픔에도 불구하고 우리에게 주신 거룩한 하나님의 형상을 지키며 숨이 다하는 순간까지 살아갈 수 있기를 기도합니다. 그 어떤 경우에도 인생은 살 만한 가치가 있습니다. 그렇게 하나님 나라를 바라보고 이 땅에 살아갈 때, 죽음은 이 땅 가운데 하나님 나라를 사는 삶으로 우리를 인도할 것입니다.

고난의 왕이신 주님,
주님이 저희가 사는 이유가 되십니다.
주님 안에 있다면
고난이나 형통이 다르지 않습니다
주님 안에 있다면

삶이나 죽음이 다르지 않습니다.

오직 주님 안에 있는 것,

오직 주님과 함께 사는 것,

오직 주님을 위해 사는 것,

그것만이 저희에게 필요합니다.

오, 주님,

저희에게 이 삶을 주소서.

아멘.

부록
거룩하고 의미 있는 장례 예배를 위해

머리말에서도 말했듯이 한 사람의 마지막 여정에 참여하는 것은 목회자에게는 더없는 영광이요 은총의 도구입니다. 결코 소홀히 임할 일이 아닙니다. 그 과정에서 하나님의 임재를 강렬하게 경험하기 때문입니다. 그 경험은 목회자 자신의 영성을 새롭게 만들며 목회 활동에 신선한 생명력을 공급해 줍니다. 정성을 다해 임종 과정과 장례 절차를 섬길 때 유가족은 큰 감동을 받으며 교인들은 자신을 돌아보며 삶의 자세를 새롭게 합니다. 개인과 공동체의 영성을 고려할 때 임종과 장례는 그 의미가 매우 큽니다. 그동안의 경험을 바탕으로 하여 의미 있고 품격 있는 임종과 장례를 위해 몇 가지 제안하고자 합니다.

임종 과정에서의 목회

1. 투병과 임종 과정에서 깊은 대화를 나누도록 힘쓰십시오. 할 수 있다면 대화를 녹음하거나 메모하시기 바랍니다.
2. 임종 예배를 계획하십시오. 시기를 잘 정하는 것이 중요합니다. 너무 이른 것도 좋지 않고, 너무 늦어서 때를 놓쳐도 좋지 않습니다. 먼저 당사자와 가족이 임종을 받아들여야 합니다. 때가 가까웠다고 느끼면 유가족에게 조심스럽게 뜻을 전하십시오. 가장 중요한 것은 본인의 의향입니다. 의식이 있는 경우에 본인이 임종을 받아들이고 예배를 청해야 합니다. 그렇지 않으면 예배가 오히려 죽음의 고통을 더할 수 있습니다.
3. 임종 예배를 드릴 경우, 성찬을 나누십시오. 마지막으로 나누는 성찬은 임종을 앞둔 사람에게 의미가 큽니다.
4. 의식이 없다 해도 임종 예배를 드리는 것이 좋습니다. 의식이 없어도 영적으로는 소통할 수 있기 때문입니다.
5. 죽음의 과정에서 가장 마지막에 닫히는 것이 청각이라고 합니다. 그러므로 의식이 없는 것 같아도 귀에 대고 말씀하십시오. 성경 말씀을 읽어 주고 찬송을 불러 주십시오. 복음을 전하십시오.
6. 임종을 앞둔 사람 앞에서 신앙 고백을 받아내려고 무리하지 마십시오. 그 고백이 있어야만 구원받은 것이라고 오해하는 사람들이 있습니다. 오히려 하나님께 맡기는 기도를 드리십시오.

7. 복음을 받아들이지 않은 사람을 위해서 기도하고 예배하는 것은 유익한 일입니다. 모든 것이 끝난 후에 하나님의 사랑에 고인을 맡기는 것은 하나님의 주권을 인정하는 거룩한 예배입니다.
8. 임종한 후에 가족들이 취할 절차에 대해 미리 안내하십시오. 또한 장례 방법에 대해서도 의논하십시오. 매장, 화장, 수목장 혹은 시신 기증 등 여러 경우에 대해 안내하십시오. 이 과정에서 가장 중요한 것은 본인의 뜻이며, 유가족의 의사는 그 다음입니다. 목회자는 의견을 말하지 않는 것이 좋습니다. 선택 사항만 제시하고 가족들이 직접 선택하게 하십시오.

임종에서 애도까지

일단, 임종을 하고 나면 장례 절차를 준비해야 합니다. 목회자가 임종의 순간을 지킬 수 있으면 좋겠지만 그런 경우는 드뭅니다. 대개의 경우에는 가족으로부터 임종 소식을 듣게 됩니다. 그럴 경우 목회자는 당장 달려가서 가족들과 함께 있어 주어야 할지 아니면 가족들에게 맡길지를 신속하게 판단해야 합니다. 대부분 목회자가 함께 있어 주는 것이 좋습니다. 드문 경우이지만, 목회자가 굳이 달려가지 않아도 되는 경우가 간혹 있습니다. 장례 절차를 준비하는 과정에서 다음 사항들을 기억해 두면 도움이 될 것입니다.

1. 임종 후에 교우들과 함께 모여 위로 예배를 드려야 할 경우가 있습니다. 특히 사고로 인해 갑작스럽게 죽음을 당한 경우에는 여러 차례의 위로 예배가 필요합니다. 목회적 판단이 필요한 대목입니다.
2. 장례식에서 부를 찬송은 고인이 애송하던 찬송 중에서 고르는 것이 좋습니다. 그렇지 않다면 설교 내용과 관련된 찬송을 고르면 됩니다.
3. 고인에 대해 잘 모르는 경우, 가족을 만나 고인에 대한 이야기를 경청하십시오. 가까운 친구에게 연락하여 문의하는 것도 도움이 됩니다.
4. 원칙적으로 주일에는 장례식을 하지 않습니다. 주일은 예수 그리스도의 부활을 축하하는 날이기 때문입니다.
5. 전통적으로는 삼일장과 오일장으로 장례 일정을 잡았으나 가족들의 상황에 맞추는 것이 가장 중요합니다. 모든 가족이 모일 수 있는 날짜를 택하여 일정을 잡으면 됩니다.
6. 장례 예배 순서와 내용은 고인의 유언과 유가족의 뜻을 최대한 반영하여 만듭니다.
7. 장례 설교가 길어지지 않도록 힘쓰십시오. 또한 지나친 전도 열정도 자제하시길 바랍니다. 오직 고인의 인생을 말씀에 비추어 해석하는 일에 마음을 쓰십시오. 고인과 유가족 그리고 조객들에게 최대한 정성과 예의로 임하시길 바랍니다.
8. 임종과 장례를 섬기는 것은 목사가 고인에게 행하는 마지막 섬김이

므로 사례비를 사양하시길 바랍니다. 금전적인 것보다 더 큰 것을 얻게 될 것입니다.
9. 장례식을 치르는 것이 끝이 아닙니다. 유가족에게는 그것이 시작입니다. 유가족이 애도 기간을 잘 통과하여 정상적인 삶으로 돌아오기까지 물질적·영적·정신적 돌봄을 지속하시길 바랍니다.

장례 설교에 대해

미국의 장례식에서는 전통적으로 세 번의 예배를 드립니다. 임종한 후에 첫 번째로 드리는 예배를 '고별 예배'(memorial service) 혹은 '추모 예배'라고 부릅니다. 장례식장에서 드리기도 하고 고인이 다니던 교회에서 드리기도 합니다. 고별 예배 전에 '접견식'(viewing service)을 하는 경우도 있습니다. 관의 뚜껑을 열어 놓고 줄지어 그 앞에서 작별 인사를 하는 절차를 말합니다. '발인 예배'(funeral service)는 장례식 당일 아침에 드립니다. 예배를 마치면 운구차를 따라 장지까지 차량 행렬이 이어집니다. 행렬에 참여한 차들은 경고등을 깜빡이며 장지까지 움직입니다. 장지에서 드리는 마지막 예배는 '하관 예배'(committal service/grave site service)라고 부릅니다.

제가 미국 생활을 시작할 때만 해도 세 번의 예배를 꼬박 다 드렸습니다. 하지만 모든 것이 점점 간소해지는 추세를 따라 얼마 전부터는 고별 예배와 하관 예배만 드리는 경우가 많아졌습니다. 고인의 유언에 따라 하관 예배로 한 번만 드리는 경우도 적지 않습니다. 시신을 기증한 경우에는 하관 예배를 드릴 수 없습니다.

과거에는 조객이 많을수록 호상이라고 했고 그것을 매우 중요하게 생각했습니다. 적지 않은 장례 비용을 조의금으로 충당해야 했기에 그것이 중요했습니다. 하지만 미국에서는 조의금을 사절하는 것이 미덕으로 되어 있어서 이민자들 중에도 그렇게 하는 분들이 많습니다. 그럴 경우에는 장지에서 간소하게 하관 예배만 드립니다.

하관 예배에서는 성경 한 구절을 읽고 고인에 대한 간단한 소회와 축복의 말씀을 나누는 것으로 충분합니다. 하관 예배를 드릴 즈음이면 가족들이 지쳐 있는 경우가 많습니다. 또한 조객들도 땡볕이나 추위 아래 서 있어야 합니다. 그런 상황에서 목청 높여 길게 설교하는 것은 적절하지 않습니다. 간소하게 하되 모든 점에서 정성을 다하는 것이 중요합니다. 간소하게 하는 것과 무성의하게 하는 것은 전혀 다른 것입니다.

저는 고별 예배 설교에 가장 많은 시간과 노력을 기울입니다. 앞서 말한 대로 요즈음에는 발인 예배를 거의 드리지 않습니다. 따라서 고별 예배 설교가 중요합니다.

장례 설교를 준비하면서 전도의 열심이 지나치지 않도록 조심하는 것이 좋습니다. 그런 열심을 가지신 분들은 하나의 장례 설교문을 준비하여 재사용하는 경향이 있습니다. 때를 놓칠 수 없다는 절박감으로 인해 목청 높여 경고와 위협을 쏟아 놓기도 합니다. 그것은 믿는 사람에게나 믿지 않는 사람에게나 아무런 감동을 주지 못합니다. 또한 고인과 유가족을 무시하는 행동이 될 수 있습니다. 동일한 전도 설교를 반복하는 것보다는 고인에 대한 정성들인 '맞춤 설교'가 전도와 감동 면에서 훨씬 더 낫습니다.

제가 몸담고 있는 이민 교회와 한국 교회는 상황이 꽤 다릅니다. 보통 우리나라의 경우 장례가 나면 예배를 여러 차례 드립니다. 그럴 경우 매번 다른 설교를 준비하는 것이 불가능합니다. 조객으로서 혹은 유가족 입장에서 말하자면, 여러 번의 '예배'가 필요하기는 하지만 여러 번의 '설교'가 필요한 것은 아닙니다. 슬픔에 빠진 유가족에게 필요한 것은 찬송과 성경 말씀 그리고 기도입니다. 설교는 대부분 안 들리거나 안 듣습니다. 그러므로 한국 교회 상황에서도 설교자는 하나의 고별 설교에 마음을 쏟고 다른 예배에서는 성경 말씀을 읽고 간단히 마음을 나누는 것으로 충분합니다.

고별 예배 설교는 고인을 위한 '맞춤 설교'로 준비합니다. 고인을 위한 맞춤 설교를 하기 위해 생전에 나눈 대화나 임종 과정에서 고인과 나누었던 대화와 경험들을 묵상합니다. 또한 가족들을 만나 고인에 대한 이야기를 경청합니다. 고인이 남긴 글이 있다면 좋은 자료가 됩니다. 교회 회지가 있다면, 그 안에서 고인의 글을 찾아 읽기도 합니다. 그런 것들을 모두 마음에 품고 기도와 묵상의 시간을 갖습니다. 그러면 고인의 삶의 이야기와 연결되는 성경 본문이 떠오릅니다.

묵상이 어느 정도 숙성되면 설교문을 작성합니다. 제가 섬기는 *교회*

는 이민 교회이기에 영어와 한글로 설교를 해야 할 때가 있습니다. 그럴 때면 우선 우리말로 설교를 작성하고 이어서 영어로 작성합니다. 한글 설교를 그대로 번역하지는 않습니다. 언어는 생각의 집이어서 언어가 달라지면 표현되는 생각도 달라집니다. 또한 그렇게 할 때 영어를 알아듣는 조객들이 지루함을 느끼지 않게 됩니다.

고별 예배 설교에서 가장 마음을 쓰는 것은 고인의 생애에 대한 신앙적 해석입니다. 고인에게 중요했던 사건이나 이야기를 성경 말씀에 비추어 해석하는 것입니다. 가장 좋은 신학은 한 사람의 전기라는 말이 있습니다. 전기는 해석된 역사입니다. 해석되지 않는 역사는 사건일 뿐입니다. 해석되지 않은 한 사람의 인생도 마찬가지입니다. 그런 점에서 본다면, 고별 설교는 한 사람의 일생을 구속하는 일입니다. 실제로 그런 경험을 합니다. 고별 예배를 마치고 나서 "제 아내의 진실을 말해 주셔서 고맙습니다" 혹은 "제 마음에 있던 생각을 잘 정리해 주셔서 감사합니다"라는 식의 인사를 자주 받았습니다. 예배가 끝나면 설교 원고를 유가족에게 전해 주는데, 대개의 경우 아주 특별한 기념품으로 간직합니다.

여기서 조심할 것이 있습니다. 바로 과장과 미화입니다. 어느 장례식에서 목사가 고인에 대해 좋은 말을 한참 늘어놓았습니다. 그러자 고인의 아내가 옆에 있던 아들에게 귓속말로 "저 관 속에 있는 사람이 네 아버지 맞나 한번 확인해 보거라"고 했다고 합니다. 고인의 삶에 대한 해석이 과장이나 미화로 들리게 만들면 설교자에 대한 신뢰가 무너집니다. 또한 그것은 고인에 대한 모욕으로 들릴 수도 있습니다. 누구나 다 아는 과실이 고인에게 있었다면 정죄하지 않는 표현으로 그 사실을 언급할 필요가 있습니다. 해석은 칭찬과 같은 말이 아닙니다. 숨겨진 의미를 드러내는 것이 해석입니다.

이렇게 마음을 담아 말씀을 준비하면 유가족에게는 위로와 은혜를 안겨 주며, 장례식에 참여한 조객에게는 자신의 인생 여정을 반추해 볼 기회를 제공합니다. 실제로 정성껏 드리는 장례 예배를 통해 믿음의 여정을 시작하신 분들이 제가 섬기던 교회에도 여럿 계십니다. 장례 예배에서 목회자는 전도의 열정을 자제하고 고인과 유가족을 존중하고 배려하며 마음 다해 섬겨야 합니다. 그럴 때 거룩한 하나님의 임재가 드러날 것입니다.

사람은 가도 사랑은 남는다

초판 발행_ 2016년 8월 11일
초판 7쇄_ 2024년 12월 20일

지은이_ 김영봉
펴낸이_ 정모세

펴낸곳_ 한국기독학생회출판부
등록번호_ 제2001-000198호(1978.6.1)
주소_ 04031 서울 마포구 동교로 156-10
대표 전화_ (02)337-2257 팩스_ (02)337-2258
영업 전화_ (02)338-2282 팩스_ 080-915-1515
홈페이지_ http://www.ivp.co.kr 이메일_ ivp@ivp.co.kr
ISBN 978-89-328-1455-1

ⓒ 김영봉 2016

책값은 뒤표지에 있습니다.
무단 전재와 복제를 금합니다.